一塁手の基本と技術

野球レベルアップ教室 Vol.2

技術解説DVD
50分付き

大田川茂樹　著
西井哲夫　監修

はじめに

一塁手の守備がチームにとってどれだけ重要であるか、考えてみてください。強いチームには、守備の上手い、動きのいい一塁手がいるはずです。一塁手の守備力が劣っているとトーナメントの戦いでは勝ち抜けないはずです。高校野球で甲子園に出場するようなチームには、守備力のある一塁手がいます。近代野球では、一塁手の役割が非常に重要になっています。

また、少年野球では、内野手からの送球が不安定なため、一塁手の守備力が勝敗のポイントを握っているといえます。

メジャーや日本のプロ野球では、打力に優れているものの、守備や肩に不安がある選手が守るという印象が強いと思います。しかし、それは、プロレベルの基本技術が備わった上での事なのです。

今、一塁手は、二塁手、遊撃手に次いで多くの要素が求められるようになりました。どんな送球でも捕球できる捕球技術、素早く動いて素早く送球できるバント処理の技術、外野手からの送球を中継する技術など、1点を防ぐための重要な役割を担っています。それに、試合の流れや相手の作戦などを読んで、投手や他の内野手に伝え、連係するのも一塁手の役割になってきました。相手ベンチが一塁の場合は、相手監督のサインを間近で見られるはずです。監督のサインを見て一塁走者の動きを見れば、作戦が分かることもあります。

今回は、一塁守備の重要性を再認識するとともに、一塁手が身に付けなければならない技術をピックアップしました。

この書籍＆DVDは、一塁手のプレーだけを取り上げた、今までにない1冊となりました。

著者　大田川茂樹

目次
CONTENTS

第1章

一塁手の基本プレー

1-1

内野手から信頼される一塁手になる

内野手からの送球を確実に捕球し打者走者をアウトにする

どんなボールでも確実に捕球する

一塁手は、他の内野手が送球してきたボールを確実に捕球し、打者走者をアウトにすることが第一の役割だ。送球は捕球しやすいところに来るとは限らない。ときにはショートバウンドや左右に逸れたボール、または高く逸れたボールなど様々な送球が来る。それらをしっかり捕球できることが大切なのだ。練習のときから逸れたボールをしっかり捕球できていると他の内野手から信頼され、他の内野手が安心して送球できるようになる。練習で他の内野手との信頼関係を築けるようにしよう。悪送球でもファーストミットが届く範囲のボールが捕れなかったら、自分のエラーと思うことだ。左右や高く逸れたボールを捕球するには、身長が高い選手の方が有利だが、送球を見極め素早く動ければ、大きくない選手でも十分に対応できる。

どんなボールでも捕球する

低く構えボールを下から見る

内野にゴロが飛んだら、一塁ベースに素早く移動し、膝と腰を軽く曲げボールを下から見るようにする。膝に力を入れず柔らかく構え、どの方向にも動ける体勢で待つ。ワンバウンドしそうな送球は、身体を伸ばしてバウンドする前に捕球する。ショートバウンドは、ファーストミットをボールと直角に向け、大きく開いて下から上に使って捕球する。バウンド直後のボールは、ミットを下から上に使うとタイミングが合わせやすい。

きびきびと動き、基本に忠実なプレーを心がける

一塁手は動きが緩慢な選手でも務まると思われがちだが、決してそうではない。近代野球ではとても重要なポジションなのだ。バント処理、中継プレー、サインプレーなど一塁手がキーになるプレーは多く、それらのプレーの結果が勝敗に大きく影響する。常に先を読み、素早い動きと基本に忠実なプレーを心がけよう。

投手に声をかけ励ます

一塁手は投手に近く、投手の様子が分かる。投手は苦しいときにナインから励まされると、元気が湧いてくる。どんなときも投手に声をかけ、投手を励まそう。また、相手の監督や選手の動きを観察し、作戦を読んでバッテリーや他の内野手と協力して失点を防ぐ。

中継は大きく手を上げ、外野手の目標になる

走者二塁からのヒットや走者三塁での外野フライは、一塁手が中継に入るケースが多い。二、遊間のゴロの場合は一塁ベースに入り、抜けたら中継に入るなど、咄嗟の判断が必要

低く構え下からボールを見る

大きく手を上げ、送球の目標になる

だ。中継に入るときは、素早くライン上に入り大きく手を上げ、外野手の目標になる。目標となる一塁手が動いているようでは、外野手の送球目標が定まらず、送球ミスが起きる確率が高くなる。一塁手が、最適な中継ポイントに素早く移動し、送球を待てれば、1点を防ぐフォーメーションができる。

ポジショニングを考える

一塁には、左打者の強烈な打球や右打者の右に切れていく打球など、様々な打球が飛んでくる。走者がいるときやいないとき、右打者や左打者、長距離打者やミート中心の打者などで守るポジションが違うことを頭に入れ、打者毎にポジショニングを変えることが大切だ。一塁手のポジショニングの項（12頁）で詳しく解説するので参考にしていただきたい。

ファーストミットを大切にする

ファーストミットを買ったら、こまめにメンテナンスをすることが大切だ。また、メンテナンスしながらポケットの位置と大きさを決め捕球しやすい形に仕上げていく。自分の手に馴染んだファーストミットにすることがとても大事なことなのだ。しっかりした型付けができていれば、ボールを簡単に弾くことも無くなる。

一塁手は、バッテリーに次いで捕球回数が多いので、その分だけファーストミットの傷みも激しくなる。使ったら必ず汚れを落とし、型が崩れないようにグラブオイルを薄く塗る。オイルを塗り過ぎるとミットが柔らかくなり型が崩れるので、週1回程度にする。メンテナンスが終わったら、日の当たらない風通しの良い場所に保管する。試合中や練習中にベンチやグラウンドに置くときは、なるべく日陰に置く。

イニングの合間は、一番先にベンチを飛び出す

攻撃が終わったら、一番先にベンチを飛び出し守備位置に着く。他の内野手にゴロを転がし、他の内野手と共にプレイの準備をする。イニングの合間に一塁手がゆっくりしていると、自分ばかりか他の内野手の準備もできない。投手が準備投球をするのと同じように、内野手も準備練習をすることが重要だ。

カバーを怠らない

フォーメーションを頭に入れ、状況に応じたカバーリングを行う。特に三塁走者がいるときの、三塁手から投手への返球は、必ずカバーに回るようにしよう。100回に1回しか起こらないようなプレーでも、防げるものはすべて防ぐ準備をすることが、勝つための最善の方法だ。

内野手から信頼される一塁手になる

状況によって構え方が違ってくる。作戦を読み、一歩目を早く動く

グラウンドの凹凸を無くす

一塁手は構える前にしておくことがある。それは、荒れたグラウンドをならす事だ。一塁から二塁を結ぶ線上付近は走者の走った跡が残り、グラウンドが荒れてくる。そのままにしておくと、イレギュラーの確率が高くなる。イニングの合間や投球の合間に、自分のスパイクで平らにし、凹凸をなくすようにしておくことが大切だ。

自分の足で慣らす

走者なしのときの構え

走者がいないときは、他の内野手と同じように投手の投球モーションに合わせて、一歩目が素早く動ける姿勢で構える。一般的には、一塁と二塁を結ぶラインより3、4メートル下がり、ファウルラインより3、4メートル二塁側に離れた位置で構える。投球モーションに合わせ、後ろから一歩前に出て軽くジャンプし、着地した瞬間をインパクトに合わせると、一歩

膝を曲げ、両足拇指球重心で構える

投球モーションにタイミングを合わせる

重心を落とす

インパクトに集中する

目が素早く動ける。

走者一塁のときの構え

軸足をベースの角に付け、ベースの前で構える。前足を投手方向に出し、両膝を曲げ、重心を落とし、ファーストミットを開いて芯を投手方向に向ける。ベースの前で構えると、牽制球が逸れ、走者と交錯しそうになっても走者の前で捕球できる。

投手が投球モーションを起こしたら、ベースを離れ打球に備える。この場合は、二塁方向に2、3メートル移動し、インパクトにタイミングを合わせる。シャッフルして動き、両足の着地と同時に目の高さをインパクトの高さに合わせる。

走者がつまっているのときの構え

二塁にも走者がいて、走者がつまっているときは、一塁走者の動きは制限される。一塁手がベースに着いていなくて大きなリードを取っても、二塁にスタートを切ることができない。一塁手は、一塁走者に大きなリードを取られても定位置で守るのが一般的だ。定位置で守る場合は、走者なしのときの構えと同じだ。このケースでは、走者の後ろで守るが、走者と打者が重ならないように打者が見える位置で守る。走者は、投球と同時に第二リードを取るので、その大きさも確認しておく。無死でバントのケースでは一塁と二塁のライン上より前で守り、ダッシュできる体勢で構える。

走者一塁のときの構え

ベースについて構える

投球モーションと同時にベースを離れる

シャッフルして重心を下ろす

走者がつまっているときの構え

バントに備えて前で守る

走者の後方で守り、守備範囲を広くする

打者、走者、アウトカウントによってポジショニングを変える

右打者のときは、一、二塁間をつめる

一塁手の定位置は、一塁と二塁を結ぶライン上から3、4メートル後ろに下がった位置だ。右打者が右打ちしてくるときの打球は、一、二塁間が多い。右打者が一塁線を鋭く抜く打球を打つ確率は非常に低い。一塁線に来る打球は、当たり損ねか振り遅れた弱い打球が多い。走者なしで右打者のときは、一、二塁間をつめて守る。

左打者のときは一塁線をつめる

一塁には左打者が引っ張った強い打球が飛んでくる。一塁線の鋭い打球も多い。一塁線を抜かれたら長打になる。左打者のときは、定位置より少し下がり、一塁線をつめて守る。特にクリーンナップの左打者のときは、一塁線をつめる。

足が速い打者のときは、前で守る

足のある左打者のときは、セーフティーバントが考えられる。もちろん、足のある右打者のときもセーフティーバントの警戒が必要だ。右打者と左打者では、左打者の方が一塁ベースに近い分だけ、早く一塁ベースに到達する。セーフティーバント警戒の左打者の場合は、右打者より2歩前で守る。セーフティーバントは0ストライクからが要注意で、1ストライクを取ったらやりづらくなる。1ストライクのケースでは、一歩下がる。2ストライクなら定位置で守る。初めて対戦するチームのときは、情報が無く足が速いかどうかが分からない。そのときは、1、2番と投手が9番でなければ9番を警戒する。

バント守備態勢

無死、走者一塁の一塁手のバント守備は、一塁走者がいるので、投手が投球モーションを起こすまでは一塁ベースに着き、牽制球に備える。投手が投球モーションを起こしたら、前進してバントに備える。無死、二塁または一、二塁のときは、ベースから離れ、最初から前進してバントに備える。攻撃側は、無死、一塁のときは、一塁手の前進が遅れるので、一塁線にバントをするのがセオリーだ。一塁手は、素早くバントを処理してセカンドでアウトにできる技術が必要だ。

送りバントのケースでは、2ストライクを取るまでは継続と判断しバントに備える。2ストライクと追い込んだらバントは無いと考え定位置にもどる。ただし、3バントもあるので決めつけないことが重要だ。

一死または二死、走者2塁のポジショニング

右打者の場合、このケースは、二塁手がセカンド牽制のためベース寄りに守る。そのため、一、二塁間が大きく空く。一塁手は一、二塁間をつめて、抜かれないようにする。左打者の場合は、二塁手が一、二塁間をつめ、一塁手は定位置で守る。

一死または二死、走者1、2塁のポジショニング

このケースはベースに付かず一塁走者をフリーにし、走者の後ろで守る。ヒットゾーンを広げないことを徹底する。

捕手のサインでポジショニングを変える

捕手のサインがインコースかアウトコースかでポジショニングを変える。サインと同時に動くと攻撃側にサインを読まれるので、投手が投球モーションを起こしてから動く。基本的に、右打者のアウトコースと左打者のアウトコースは一、二塁間、左打者のインコースは一塁線の打球が多くなると思って準備する。

一塁手のポジショニング

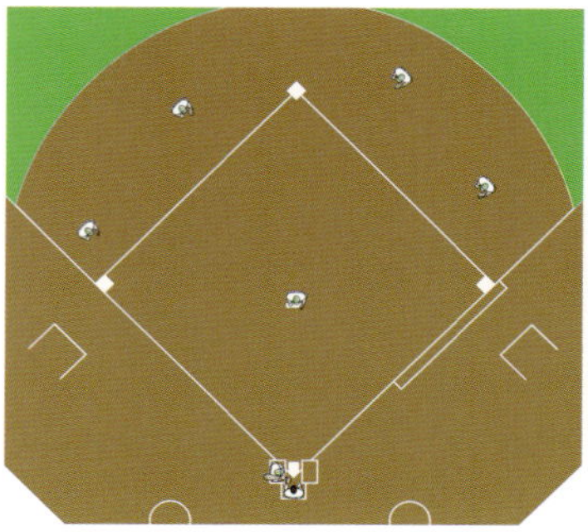

走者なし／右打者
（一塁手が一、二塁間をつめる）

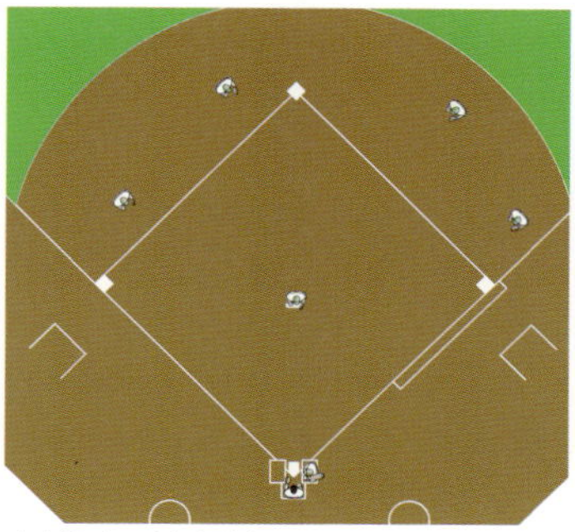

走者無し／左打者
（一塁線をつめる）

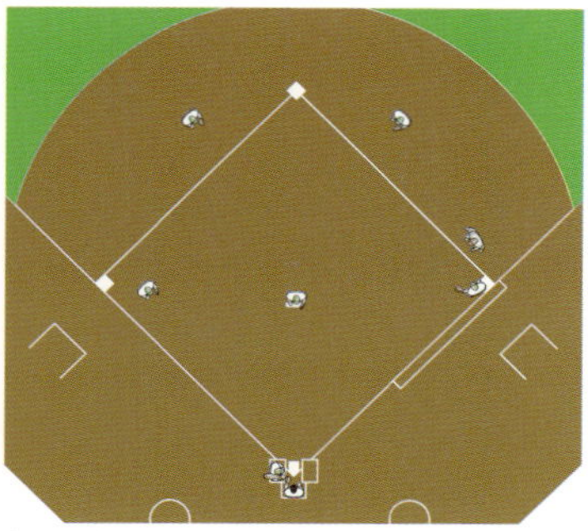

無死、走者一塁／バント守備態勢
（ベースに付き、投球と同時に前進する）

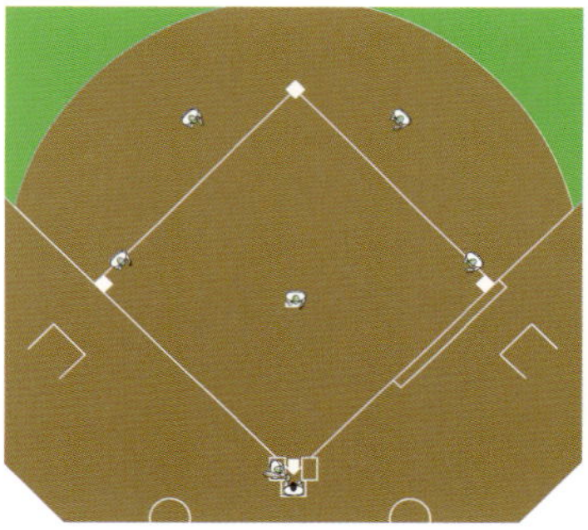

走者無し／足の速い右打者
（一塁と二塁を結ぶライン上で守る）

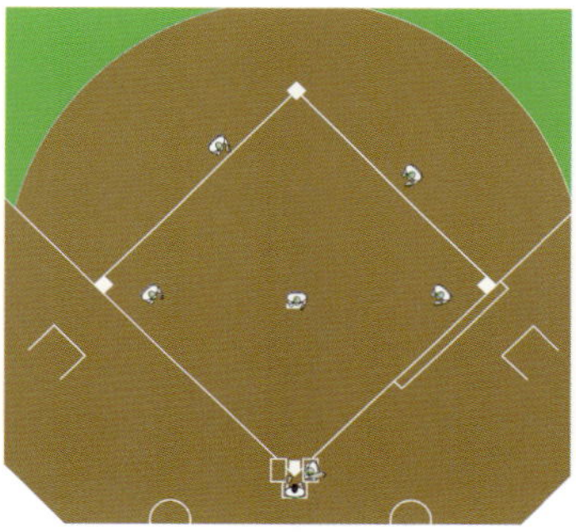

走者無し／足の速い左打者
（ライン上より前で守る）

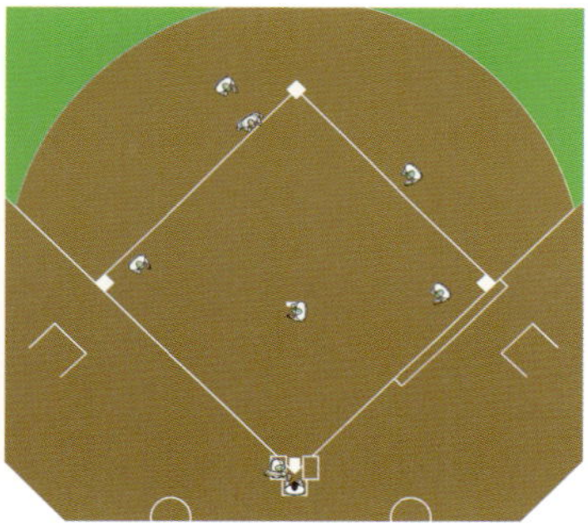

無死、走者二塁／バント守備態勢
（最初から前進守備）

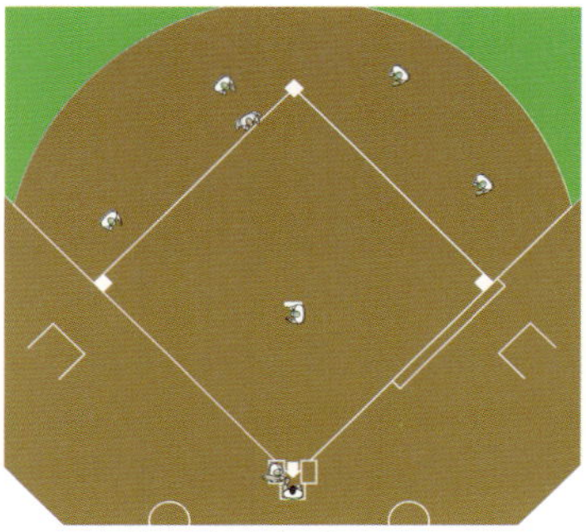

一死、走者二塁／右打者
（一塁手が一、二塁間をつめる）

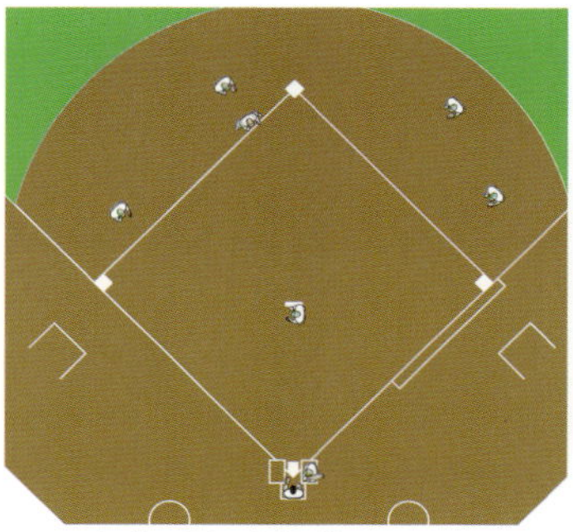

一死、走者二塁／左打者
（一、二塁間を抜かれないように守る）

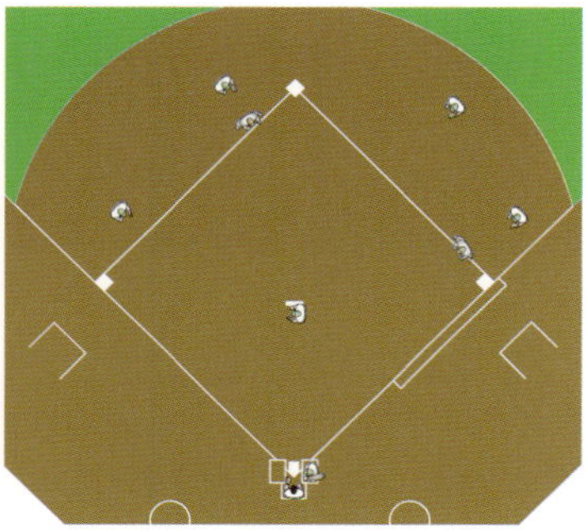

一死、走者一、二塁／左打者
（一塁線をつめる）

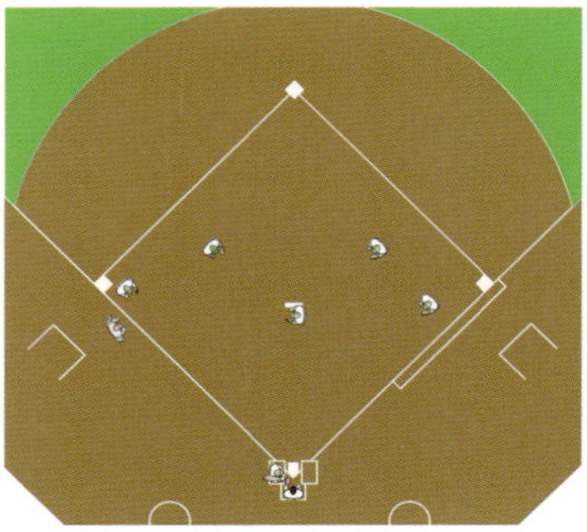

走者三塁／バックホーム態勢
（1点を与えない前進守備）

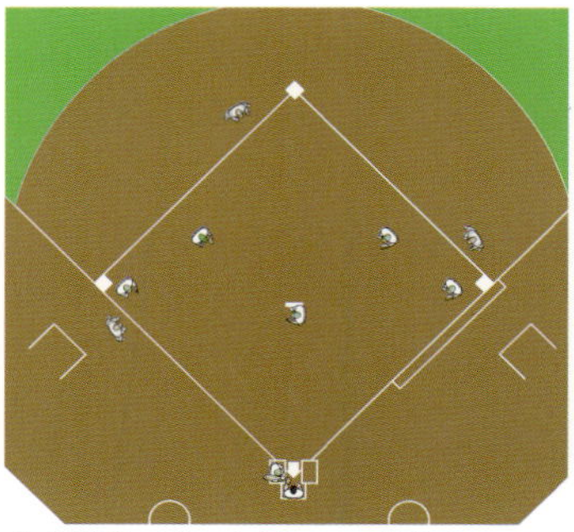

走者満塁／ホームゲッツー態勢（フォースプレーなので少し下がった前進守備）

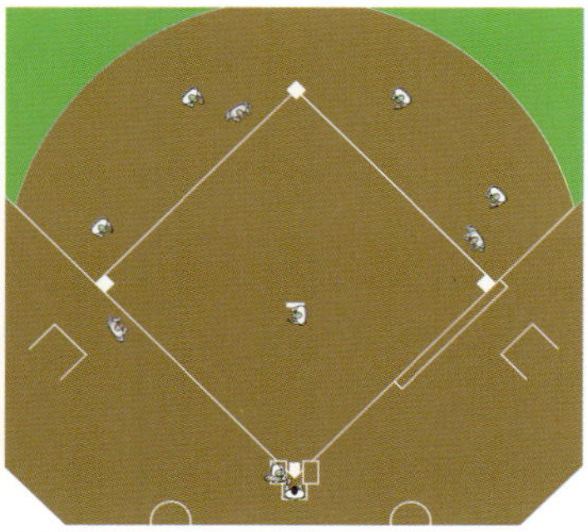

走者満塁／セカンドゲッツー態勢
（走者の後ろで守る）

ベースの踏み方

1-4

内野手から信頼される一塁手になる

どこから送球されてくるかで踏む位置を変える。送球者と正対する

捕球準備は利き足踵で軽くベースを踏んでおく

他の内野手からの送球を捕球するときは、軸足の踵で軽くベースを踏んで構える。そうすれば、ベースの位置が確認でき、足の踏み替えやベースを踏む場所を簡単に変えることができる。軸足つま先でベースを踏んで固定しているとフットワークが使えず、左右や高低にボールが逸れたときに対応できない。

軸足重心でベースを踏む

捕球は、軸足でベースをしっかり踏んで、軸足の拇指球に重心を乗せる。そうすると、伸びて前で捕球しても、足がベースから離れることはない。

ベースを踏む位置を変える

送球されてくる方向で、ベースのどこを踏むかを決める。投手、三塁手、遊撃手が処理した打球は、一塁ベースの内側の角を軸足拇指球でしっかり踏み、送球に備える。セカンドゲッツーなどで二塁ベース付近から送球されてくるときは、二塁側のベースの中間ぐらいを踏む。二塁手からの送球は、二塁ベース寄りでライト側の角をしっかり踏む。

軸足の拇指球重心でベースを踏む

左投げの一塁手は左足が軸足になる

送球が走者と交錯しそうなキャッチャーゴロは、左足でベースを踏む

キャッチャー前のゴロは、右投げ、左投げ、どちらの一塁手でも左足でベースを踏み、右足と身体をセカンド側に出し、右手を広げ、送球目標になる。そうすれば、走者との交錯を避けられる。

振り逃げなどの場合の、一塁側からの送球は、ライン側を踏む

ファウルラインの外側から送球されてくる場合は、右足でベースのライン側を踏んで、ファウルグラウンド側に左足と身体を出し、左手を広げ、送球目標になる。

どちらの足でもベースを踏めるように練習する

ボールが右側に逸れたときや、ワンバウンドのボールを引いて捕球するときなど、軸足でベースを踏み固定していると、咄嗟に動けない。右投げの一塁手が、右側に逸れたボールを捕りにいくときは、左足でベースを踏んで右側に移動して捕球する。

ベースは二塁側の端を踏む

駆け抜けのときの打者走者はベースの中央から右半分を踏むのが基本だが、走ってくる勢いで、ベースの左側を踏む選手もいる。ベースの上に軸足を置いて捕球していると、足を踏まれ、怪我をする要因になる。拇指球で、ベースの二塁側の端を踏んでいれば、ベースから足が離れることもなく、足を踏まれることもない。

ベースを踏む位置

投手、三塁手、遊撃手からの送球はベースの内側の角を踏む

二塁ベース付近からの送球は二塁側の端を踏む

二塁手からの送球はライト側の角を踏む

キャッチャーゴロのときは左足でベースを踏む

一塁側ファウルゾーンからの送球は右足でベースを踏む

送球が右側に逸れたときは足を踏み変える

1-5

内野手から信頼される一塁手になる

一塁手の捕球（内野手からの送球）

内野手からの送球は、膝を曲げ、身体の中心で捕球する。シングルハンドの方が捕球しやすい

身体の正面で捕球する

内野手からの送球は、身体の正面で捕球することが基本だ。下からボールを見るように、低い姿勢でボールを待ち、身体の前で捕球する。前足つま先の真上で捕ると捕球が安定する。身体に近いとボールに押され、窮屈な捕り方になり安定しない。左右に逸れても、捕球方向に身体の中心を向けしっかりと捕球する。捕球方向に身体が向いていれば身体の正面で捕球したことになる。逸れたボールを腕だけで捕りにいくと、ミスが起きやすくなる。ファーストミットは、高い位置と低い位置は縦に使うが、正面は横に使う。

ボールが来た方向に前足を出して捕球する

最初から軸足つま先をベースに着け、前足を出していると、ボールが逸れたときに対応できない。

慣れるまでは、両足を揃え軸足でベースを踏み、どの方向にも動けるように両膝を曲げて構える。内野ゴロを内野手が捕球し送球するまでには時間があるので、その間にベースを踏み替え、身体全体を送球者に向ける。ボールが来たら、その方向に前足を出し、身体の正面で捕球する。

慣れてきたら、ベースの前で軸足踵を軽くベースに着け、両足を揃えて構える。送球されてくるボールの位置によって足を踏み替え、ベースを踏む場所を変える。そうすると捕球範囲が広くなり、ボールが少々逸れても捕球できる。また、ファーストミットはポケットが深く、いったん捕球したらこぼれ落ちないようにできている。なので、シングルハンドの方が捕球範囲が広くなり、捕球が簡単になる。

ファーストミットを立てる

ボールと直角に向ける

身体の正面で捕球する

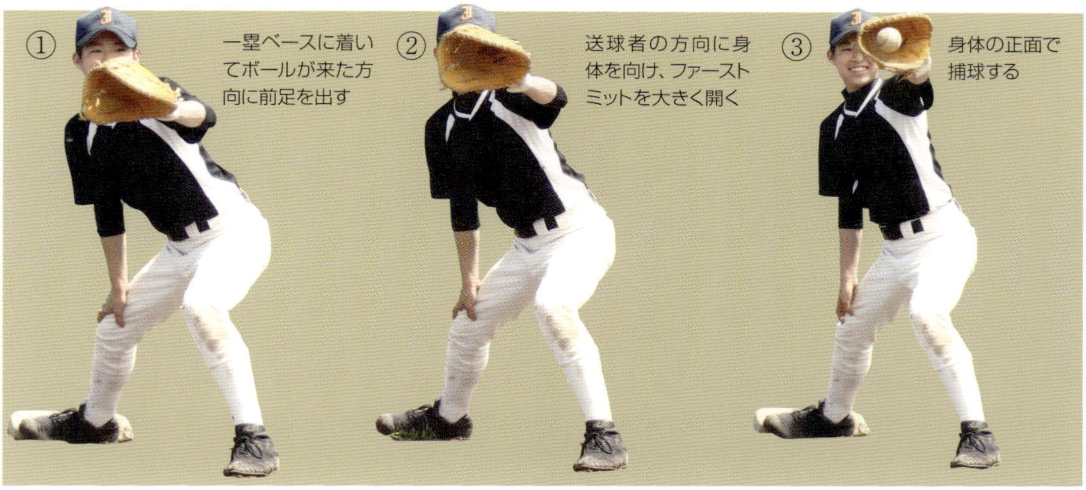

① 一塁ベースに着いてボールが来た方向に前足を出す

② 送球者の方向に身体を向け、ファーストミットを大きく開く

③ 身体の正面で捕球する

身体の前で捕球する

前足つま先の真上で捕球する

大きく伸びて身体の前で捕球する

ファーストミットの出し方

正面は横に使う

低い位置では縦に使う

高い位置も縦に使う

1-6

内野手から信頼される一塁手になる

捕球しやすい場所まで移動し、確実に捕球する。前に落とせばアウトにできる

捕球しやすいところに素早く移動し、身体の正面で捕球する

定位置周辺に飛んできたゴロは前に落としさえすればアウトにできる。だからといって、動かず身体に当てて止めるだけでは野球技術が上達しない。ゴロはバウンドしてくるので、捕球しやすい位置まで動くことが重要だ。そうすれば簡単に捕球でき、簡単にアウトにできる。

重心を落とし、身体全体で捕球する

どんな簡単な打球でも、腕だけで捕りにいかず、身体全体で捕球することが大切だ。ボールの正面に入り、重心を落とし、ファーストミットを下から上に使って捕球する。

バックハンドの捕球

右投げ一塁手の一、二塁間の打球は、バックハンドの方が捕球しやすい。左投げ一塁手の一塁線の打球も、バックハンドの方が捕りやすく、送球体勢に入りやすい。バックハンドの捕球は悪い捕り方ではない。練習して上手くなろう。

捕球して自分でベースを踏む

一塁方向に打球が飛んだら、投手は必ず一塁ベースに向かって走ってくる。ファーストゴロを捕球して自分でベースを踏むときは、投手を制してベースを踏む。このとき、ベースを踏んでファウルグランド側に走り抜けると、打者走者と交錯する。ベースを踏んだら、フェアグラウンド内に戻るかライト方向へ回り込む。

捕球から送球の技術を身に付ける

一塁手が送球する機会は、他の内野手と比べれば多くないが、バント処理やファーストゴロセカンドゲッツーなど状況によって捕球から素早い送球の技術が必要になる。それができないと一塁手は務まらない。ステップを使って、小さなモーションで、腕を身体から離さず素早く送球できる技術を身に付けよう。ファーストミットを使ったボールの握り替えの練習を取り入れよう。

捕球しやすいところまで動き、打球の正面に入る

打球の正面に入り、重心を落とす　打球との間を取りタイミングを合わせる　素早く捕球しやすいところまで動く

重心を落とし身体全体で捕球する

重心を落とし
身体の正面で捕球する

ファーストミットに頼って、腕だけで捕りにいってはいけない

バックハンドの捕球（右投げ）

正面に入れないのでバックハンドで捕球

捕球のタイミングを合わせる

素早く移動する

バックハンドの捕球（左投げ）

① バウンドにタイミングを合わせる

② 打球との間を取る

③ 重心を落とす

④ ミットをボールと直角に向ける

1-7

内野手から信頼される一塁手になる

オーバー、サイド、アンダー、どの位置からでも送球できるように練習する

上から回転の良いボールを投げる

内野手は、状況に応じてどの位置からでも送球できなければならない。もちろん、一塁手もそうだ。ただし、まずは上から回転の良いボールが投げられるようになってからのことだ。縦回転の真っすぐ伸びていくボールが投げられるように練習しよう。

基本は、送球方向に軸足を直角に向け、前足を真っすぐ出し、軸足から前足に重心の移動をすることだ。腕は肘から引き上げ、肩の高さまで上げる。トップの位置で手のひらが外側を向き、ここから肘を切り返し、投げにいくときは手のひらが内側を向く。リリースするときは手首、手のひら、指全体が送球方向を向き、フォロースルーは手のひらが外を向き、小指が上を向く。この投げ方がマスターできれば縦回転のボールが投げられる。

横からコントロールの利いたボールを投げる

ファーストゴロ、セカンドゲッツーのときは、サイドから送球する。捕球したら素早く握り替え、手首を耳の横に持ってくる。ここから肘を先行させ、スナップを使って横から送球する。ここで大事なことは、腕を身体の近くからとおし、身体から離さないことだ。

下から素早く投げる

アンダーからは、間一髪のバックホームのときに使う。捕った位置から送球するので、肘の使い方と手首の強さがポイントになる。下からは特殊なときだけ使う。いつもは上から投げ肩を強くする。

3人組の真ん中で中継の練習

捕球して素早く送球する練習は、3人組で行う。両端の選手は、送球されてきた方向に返球するが、真ん中でプレーする選手は、送球されきた方向と同じ方向に転送する。ボールがくるところまで動いて捕球し、ステップを使って素早く転送する。この練習は、外野手からの送球を捕球し、本塁へ送球することを想定して練習する。この練習で、素早く捕球し、素早く送球できる技術が身に付く。

オーバーからの送球

①
身体の中心で
両手を割る
②
肘を肩の
高さまで上げる
③
上からボールを
切って投げる
④
投げ手の小指が
上を向く

サイドからの送球

身体の中心で両手を割る　肘を先行させる　スナップを使って横から送球する　フォロースルーを取る

3人1組で中継の練習

軸足に重心を乗せる　ステップを踏み、送球方向を見る　半身で捕球する　投げ手を添える　捕球体勢に入る

ボールの軌道を見る　スナップを使って送球する　肘を先行させる　重心を前足に移動する　身体の中心で両手を割る

フライの捕球

フライは積極的に捕りにいく。投手付近に上がったフライは一塁手が捕る

内野フライは積極的に捕りにいく

一塁周辺にフライが上がったら、大きな声を出し、積極的に捕りにいく。なるべく早く落下地点の一歩後ろに入り、ファーストミットを出さないで、両膝と両肘を曲げ、どの方向にも動ける体勢で落下を待つ。落下してきたら、一歩前に出てファーストミットを上げ、ボールとファーストミットが重ならない位置で捕球する。また、ボールを少し横から見るように、利き足を一歩下げ半身で構えると前後左右の変化に対応できる。イチロー選手のフライの捕球方法をイメージすると分かりやすいはずだ。

ボールの真下に入らない

フライは上から下に落ちてくるが、真上から地面と直角に落ちてくるのではない。ボールの回転、打球の高さ、打球の勢いによってフライの質が異なる。内野フライの場合は、上がっていった角度とほぼ同じ角度で落ちてくるようだ。一塁フライを捕るときは、落下予想地点から一歩後ろに下がって、打球を斜め前に見られるように待つと簡単に捕球できるようになる。

太陽がまぶしいとき

真夏のゲームで太陽が真上にあり、フライが上がると太陽でまぶしいときがある。まぶしくてもフライは捕らなければいけない。まぶしいときは、ファーストミットで太陽を遮《さえぎ》ることが重要だ。太陽を遮れる位置にファーストミットを出せば、太陽が目に入らず打球を追える。

風が強いとき

グラウンドに入ったら、風の向きを確認しておくことが重要だ。バックスクリーンに掲げてある旗を見れば、風の方向が分かるはずだ。旗がないときは、砂や土を一握り掴んで、腰の高さから少しずつこぼすと、砂や土が舞っていく方向が分かる。舞っていく方向に風が流れているのだ。また、砂や土の舞い方で風の強さも分かるはずだ。風が強いときは、大きく流されるので、風が吹いていく方向に先に移動して落下を待つ。

大きな声で
他の野手を制して捕球する

一塁フライの捕球

ボールの真下に入らない

ボールの真下に入らないで、斜めに見えるように落下地点の一歩後ろで構える

フライ捕球の基本

落下地点まで下がる

落下地点の一歩後ろで落下を待つ

打球を斜め前に見る

落下してきたら一歩前に出る

打球が落ちてきてからミットを出す

ファーストミットとボールが重ならない位置で捕球する

第2章

一塁ゴロの処理と対応

一、二塁間の打球を捕球して、ベースカバーの投手に送球。投手にタイミングを合わせる

投手と連係して打者走者をアウトにする

一、二塁間のゴロを一塁手が捕球して投手にトスするプレーは、日頃の練習でタイミングを合わせておく事が重要だ。

一塁手は、捕球したら、一塁ベース方向に移動しながら投手にタイミングを合わせてトスする。人は、同時に二つのことをやろうとするとミスを起こしやすい。一塁手は、投手が捕球と同時にベースを踏むことをしなくて済むように早めにトスする。投手がベースを踏む前に、走るスピードにタイミングを合わせて送球する。そうすると、投手は捕球してからベースが踏め、ミスがなくなる。

トスの方法

一塁ゴロを捕球した位置から動かず、そのままトスしようとすると、肘や手首を大きく使わないとトスできない。肘や手首だけのトスはコントロールが定まらない。

一塁手は、捕球したらボールを握り替え、投手にボールを見せる。投手は、ボールが見えると、ボールの出どころが分かり捕球しやすくなる。一塁手は、ボールを見せたまま、送球方向に動きながら、投手とのタイミングを合わせる。ベースの手前で、手のひらで押し出すようにボールを離す。そうすると、回転しない素直な捕りやすいボールが送球できる。トスしたら、腕を伸ばしたまま残しておくと、ボールの軌道と腕の振りが一致するので、さらに捕りやすくなる。

距離があるときはトスせずに投げる

一、二塁間に大きく飛び出して捕球したときは、一塁ベースとの距離が空きトスでは間に合わない。そんなときは投げる。送球のポイントは、投手とタイミングを合わせることだ。投手の走るスピードに合わせ、投手が前（走る方向）で捕球できるように送球する。走る方向と逆（後ろ）に送球すると上手く捕球できない。トスするときもそうだが、ベルトから下に送球すると捕りにくい。送球は投手の胸の高さに投げる。

送球方向に動きながらトスする

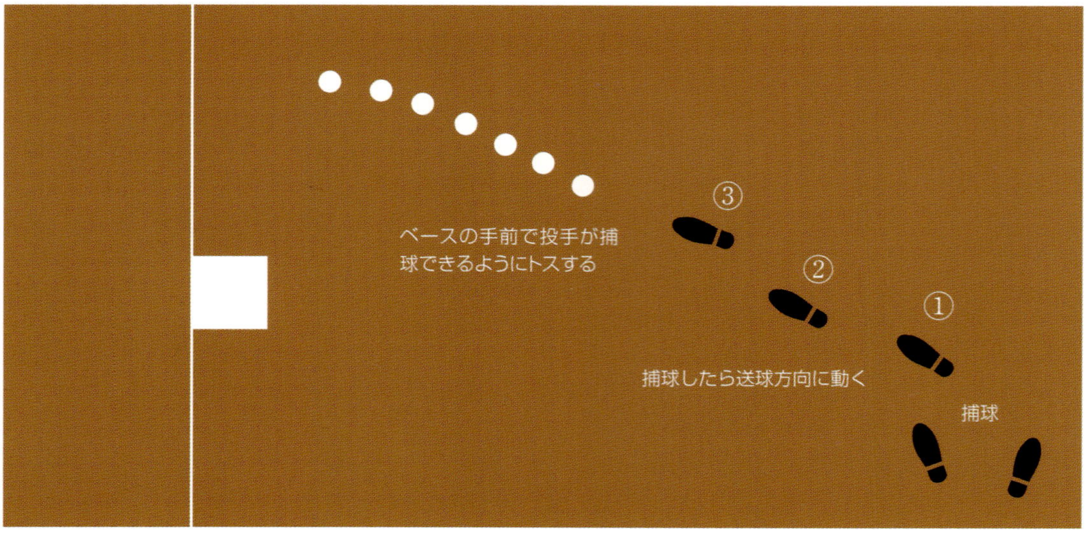
③
ベースの手前で投手が捕
球できるようにトスする
②
①
捕球したら送球方向に動く
捕球

トスの方法

①

一、二塁間のゴロを捕球する

②

一塁方向に動く

③

投手の捕球体勢に合わせ、ベースの前でトスする

④

ベースの前でトスすると、捕球してからベースが踏める

ボールを見せる

①
捕球する
②
送球方向に動く
③
ボールを見せる
④
投手がベースの手前で捕球できるようにトスする

セーフティーバント処理

2-2 ダッシュして捕球し一塁ベースカバーの二塁手に素早くコンパクトに送球

一塁手のセオリー

セーフティーバントを警戒する

内野にもヒットゾーンがある。三塁手や一塁手が下がって守り、警戒が薄いときの三塁線や一塁線のバントは内野安打になりやすい。また、投手、二塁手、一塁手の中間のプッシュバントもそうだ。一塁手は、セーフティバントをされても、素早いダッシュと素早い捕球から送球、また、投手や他の野手が捕球できると判断したときの素早いベースへの戻りでセーフティーバントの打者走者をアウトにする技術を身に付けよう。

打者の打順やアウトカウント、足の速さなど何も考えないで、ただ守っているだけだと不意を突かれ、簡単にバントヒットを許すことになる。セーフティーバントをやってくるのは、足の速い打者だけではない。投手との力関係や投手の守備力、野手の守備力、打者の打力、回数やアウトカウントなど試合の流れの中で、相手の意表をつくセーフティーバントとセーフになる技術を持った選手のセーフティーバントがある。

一塁線のセーフティーバント

一塁線のセーフティーバントは、投手または一塁手が捕球して、一塁のベースカバーに入った二塁手に送球して打者走者をアウトにする。

打者がセーフティーバントの構えをしたら、一塁手は全力で打者方向にダッシュする。打者がセーフティーバントをして一塁線に打球が転がったら、素早くボールの右側(右投げの一塁手。左投げの一塁手は左側)に回り込んで半身で捕球し、ノーステップでサイドから小さくコンパクトに送球する。送球は、二塁手が捕球しやすい胸の位置に送球する。胸の位置だと、走者と重ならず高さもちょうどいい。ノーステップで投げるので、重心が浮くと目の高さが動き、悪送球の要因になる。ノーステップでもしっかりと下半身を使い、重心を移動して、肘を先行させ、スナップスローで送球する。

セカンド前のプッシュバント

投手、一塁手、二塁手の中間、またはセカンド前のプッシュバントも内野安打になりやすい。

打者がセーフティーバントの構えをしたら、一塁手は全力で打者方向にダッシュする。打者のプッシュバントを自分が捕れると判断したら、大きな声を出し積極的に捕りにいく。この場合は、投手または二塁手が一塁ベースに入るので、捕球したら捕球しやすいボールを素早く送球する。ぎりぎりのプレーになるので、ベースカバーに入る投手または二塁手とのタイミングを合わせる。

捕球できないと判断したら、捕球する投手または二塁手に捕球を任せたことを大きな声で伝え、素早く一塁ベースに戻る。

他の塁に走者がいるときは、次のプレーが重要だ。特に走者二塁のときは要注意だ。ミスが出ると二塁走者が一気に本塁を狙ってくる。

セーフティースクイズもある

セーフティースクイズは一塁線にやってくる。一塁線だと三塁走者が打球との距離が分かりやすく走りやすいからだ。一塁線のセーフティースクイズは、一塁手の素早い動きで1点を防ぐ。一塁手はダッシュして、そのままの勢いで捕球し、そのまま下から送球する。この場合は、腰を落として捕球していたら遅くなるので、外野手がゴロをバックホーム体勢で捕るのと同じように、走りながら捕球し、素早く小さく送球する。

セーフティーバント処理

① 素早くダッシュする

② ボールの右から回り込む

③ 打球に追いついたら半身になる

④ 重心を落とし半身で捕球する

⑤ 捕球したらボールを引き上げる

⑥ 重心を浮かさずボールを握り替える

⑦ 前足を真っすぐ出し、重心を移動して、肘を先行させる

⑧ コンパクトに素早く送球する

いったんダッシュして、ベースに戻る

① バントの構えをしたらダッシュする

② 他の選手が捕球できると判断したらベースに戻る

③ 上体を浮かさず前傾姿勢で戻る

④ 身体を回転させる

⑤ 軸足でベースを踏み、送球を待つ

2-3

走者一塁の送りバント処理

一塁手のセオリー

バントを処理して二塁送球、または一塁送球

一塁前のバントを捕球して、二塁でアウトを取る

無死、走者一塁、一般的には送りバントのケースだ。ここで簡単に送られてはいけない。一塁手はベースに着いて牽制に備えるが、投手が投球モーションを起こしたら前に出て守備体勢を整える。打者がバントの構えをしたらダッシュして一塁側のバントに備える。最低でも、正面の強いゴロは二塁でアウトにできる守備力がなくてはいけない。

右投げの一塁手の場合は、捕球後、右回りと左回りの送球方法がある。右回りで送球するときは、ボールの左側から回り込み、正面で捕球し、ステップを使って身体を入れ替えサイドから素早く送球する。左回りで送球するときは、身体の正面よりやや左で捕球し、ステップを踏んで左回転する。この場合は、回転の勢いを利用し、上から強いボールで送球する。

左投げの一塁手の場合は、捕球したらそのまま送球できるので、このケースは右より左投げの方が有利だ。素早く捕球し、ステップを踏んでサイドから素早く送球する。

投手も捕球しに来るので、声の連係と捕手の指示に従う事が重要だ。

二塁が間に合わないときは一塁に送球

間に合わないのに二塁に送球すると、無死、一、二塁となりピンチが広がる。先の塁で走者をアウトにするつもりで守るが、間に合わないときは確実に一つアウトを取ることも重要なことだ。

二塁送球は間一髪のプレーになるが、一塁でアウトを取るときは余裕があるはずだ。この場合は、あせって送球せず、ステップをして上体を浮かさず、重心を軸足から前足に移動して確実に送球する。二塁手がベースカバーに入るので、余裕があれば二塁ベースに到着してから送球すると、送球も安定し、二塁手の捕球も安定する。二塁手は二塁方向から走ってくるので、二塁方向へ送球が逸れると逆をつかれ捕球できない。

右投げ一塁手の左回り二塁送球

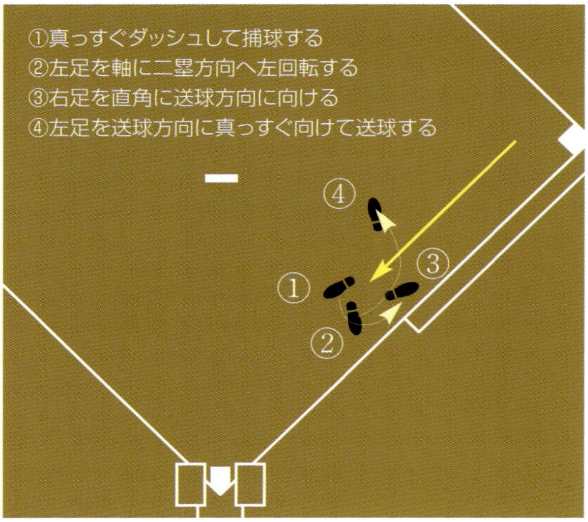
①真っすぐダッシュして捕球する
②左足を軸に二塁方向へ左回転する
③右足を直角に送球方向に向ける
④左足を送球方向に真っすぐ向けて送球する
①
②
③
④

ステップを使って回転し素早く送球

左投げ一塁手の二塁送球

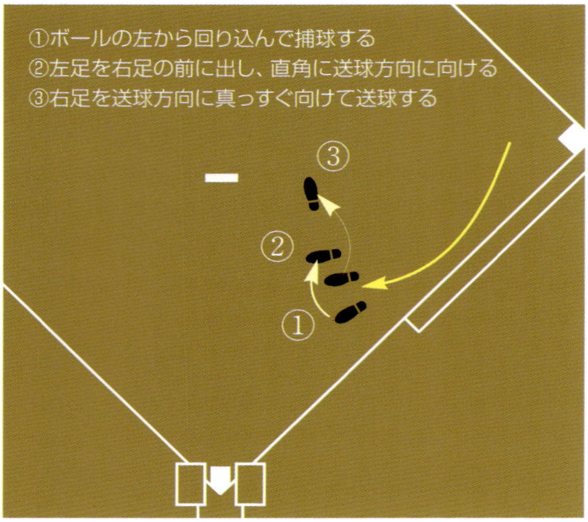
①ボールの左から回り込んで捕球する
②左足を右足の前に出し、直角に送球方向に向ける
③右足を送球方向に真っすぐ向けて送球する
①
②
③

捕球したら、そのままステップを踏んで送球

右投げ一塁手のバント処理(二塁送球)

素早くボールに追いつくようダッシュする

打球に追いついたらスピードを緩める

重心を落とし捕球する

左足を軸に二塁方向へ左回転する

右足を二塁方向へ直角に向ける

左足を二塁方向へ真っすぐ出し素早く送球する

左投げ一塁手のバント処理(二塁送球)

右足に重心を乗せ、素早くコンパクトに送球する

右足を真っすぐ二塁方向へ向ける

ステップして左足を二塁方向に直角に向け、重心を乗せる

ミットを下から上に使い、両手を身体の中心に引き上げる

重心を落として捕球する

ダッシュして打球に追いつく

バント処理(一塁送球)

ボールの正面に入り、重心を落として捕球する

ステップを使って送球する

2-4 ファーストゴロを捕球して二塁送球。右回りの送球と左回りの送球

セカンドゲッツーは素早い動きで小さく投げる

右投げ一塁手の正面または右方向に飛んで来た打球は、ボールの左側から回り込み正面で捕球して右回りに回転して送球する。身体の正面で捕球し、ステップ使って回転して送球するのが基本だ。このとき踵重心になると送球が難しくなる。軸足も前足も拇指球重心で、軸足から前足に重心を移動して素早く送球する。

ただし、打球が一、二塁間のゴロで、バックハンドの方が捕球しやすい場合は、そのままバックハンドで捕球して送球する。バックハンドで捕球すると回転しなくても、そのままの体勢から送球できるので素早く送球できる。送球後、自分でベースに戻れるときは、素早くベースに戻って返送を待つ。基本は、投手がベースカバーに来るので、しっかり捕球し、正確に送球することを優先する。ベースに戻ることを優先すると送球が安定しなくなる。

一死、一塁のときはゲッツー態勢を取るので二塁手は二塁ベース寄りに守る。一塁手は一塁ベースに着くので、一、二塁間が大きく空く。一塁手は、一、二塁間に打球が飛んだら積極的に捕りにいく。

自分より左方向の打球は左回りで送球

右投げ一塁手の場合は、定位置より左方向に飛んできた打球は、左に動き正面で捕球するが、そこから右回りに回ると送球が遅れる。この場合は、そのまま左回りに回転し、その回転を生かして送球する。ただし、上体だけにたよらず、必ずステップして下半身を使って送球する。また、このケースはベースタッチか二塁送球かを素早く判断する。一つしかアウトが取れないと判断したら先の走者をアウトにする。

左投げ一塁手は捕球して、そのまま送球できる

左投げ一塁手の場合は、捕球したら回転しなくても、そのままの体勢から送球できる。このケースが、一塁手は左利きの方が有利と言われている要素の一つだ。

右投げ一塁手の左回り二塁送球

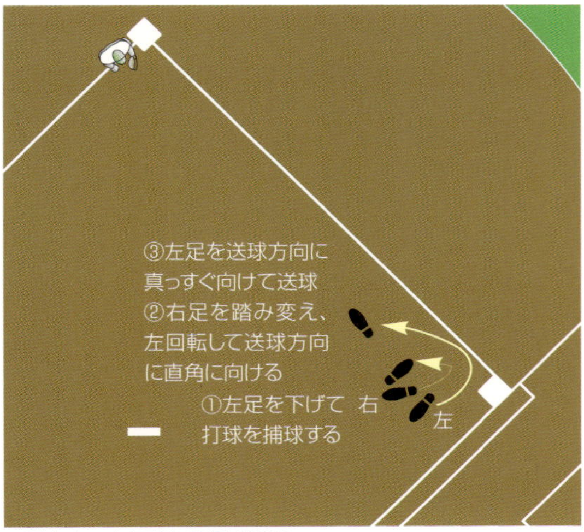
③左足を送球方向に
真っすぐ向けて送球
②右足を踏み変え、
左回転して送球方向
に直角に向ける
①左足を下げて
打球を捕球する
右
左

二塁方向へ左回転し素早く送球

右投げ一塁手の右回り二塁送球

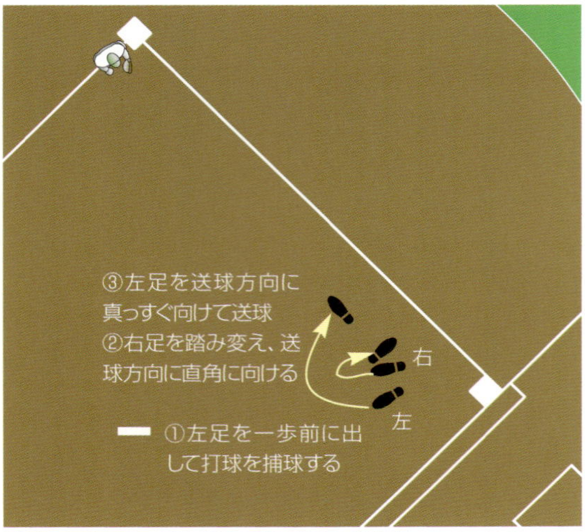
③左足を送球方向に
真っすぐ向けて送球
②右足を踏み変え、送
球方向に直角に向ける
右
①左足を一歩前に出
して打球を捕球する
左

捕球したらステップを踏んで半回転して送球

右投げ一塁手の右回り二塁送球

左足を一歩前に出し、正面で捕球する

軸足を踏み変え、二塁方向に直角に向ける

右半回転し、コンパクトに素早く送球する

左投げ一塁手の二塁送球

一歩目を素早く動く

打球に追いつく

打球の正面に回り込む

打球との間を取る

重心を落とし、身体の正面で捕球する

両手を引き上げる

軸足を二塁方向に直角に向け、重心を乗せる

両手を割る

前足を真っすぐ二塁方向に向ける。

肘を先行させ、コンパクトに素早く送球する

右投げ一塁手の左回り二塁送球

①

素早く動き打球の正面に入る

②

重心を落とす

③

右手を添える

④

両手で捕球する

⑤

右手でふたをする

⑥

ボールを握り変える

⑦

左足を軸に
して右足を踏み変える

⑧

右足を送球
方向に直角に向ける

⑨

送球方向を
しっかり見ながら回転する

⑩

重心を右足に残す

⑪

肘を肩の高さまで上げる

⑫

前足を送球方向に真っすぐ出す

⑬

重心を前足に移動する

⑭

ボールを頭の後ろに残す

⑮

肘を先行させる

⑯

腕を振り切って上から送球する

右投げ一塁手の右回り二塁送球（バックハンド捕球）

① 打球に反応し、素早く一歩目のスタートを切る

② 打球に追いついたら、捕球のタイミングを合わせる

③ バックハンドで捕球体勢に入る

④ バックハンドで捕球する

⑤ グラブを閉じる

⑥ グラブを身体の中心に引き上げる

⑦ 身体を立て直す

⑧ 送球方向にステップする

⑨ 送球方向を見て、送球目標を決める

⑩ 軸足を二塁方向に直角に向け、軸足に重心を乗せる

⑪ 両手を割る

⑫ 前足を真っすぐ出し、頭の後ろにボールを持ってくる

⑬ 重心を前足に移動する

⑭ 肘を先行させる

⑮ リリース後は、小指が上を向く

⑯ コンパクトに送球する

2-5

一塁手のセオリー

一塁ベースを踏んで二塁送球

ファーストゴロを捕球して先にベースタッチ、そして二塁送球。角度を取って送球する

左足でベースタッチ、一歩下がって二塁送球

右投げの一塁手がベースを踏んで二塁送球するときは、左足でベースを踏む。ベースを踏んだら右足で本塁方向に一歩下がり、二塁ベースとの角度をとって送球する。右足でベースを踏んで、そのまま送球すると、走者と二塁ベースに入った遊撃手が重なり送球しにくい。走者を避けて送球しようとすると悪送球になりやすい。避けずに投げると走者に当たり、走者を生かすことになる。また、右足でベースを踏んで、一歩前に出るか一歩下がるかすると二塁への角度ができるが、ステップが一歩多くなり二塁送球が遅れる。

左投げ一塁手は左足でベースタッチし、そのまま送球

左投げ一塁手の場合は、左足でベースを踏んで横から送球する。ベースはホーム側の角を踏むと角度ができる。二塁ベースに入る遊撃手は、左足をベースに付け、三塁側に身体を出して待っている。一塁手は前足を真っすぐ送球方向に向けて、横から送球する。左投げで横からなので、送球と走者は重ならない。

走者を追う

打球が速かったり、ハーフライナーだったりの場合など、バウンドした打球を捕球してベースタッチしたときに走者が走っていないことがある。この場合は、急いで送球せずに、走者にタッチするか走者を追う。このケースは、フォースアウトではなくなっているので、走者は一塁に戻ることができる。走者を追う場合は、塁の中間くらいまで追ってから、つめてきた遊撃手に送球する。

右投げ一塁手のベースタッチから二塁送球

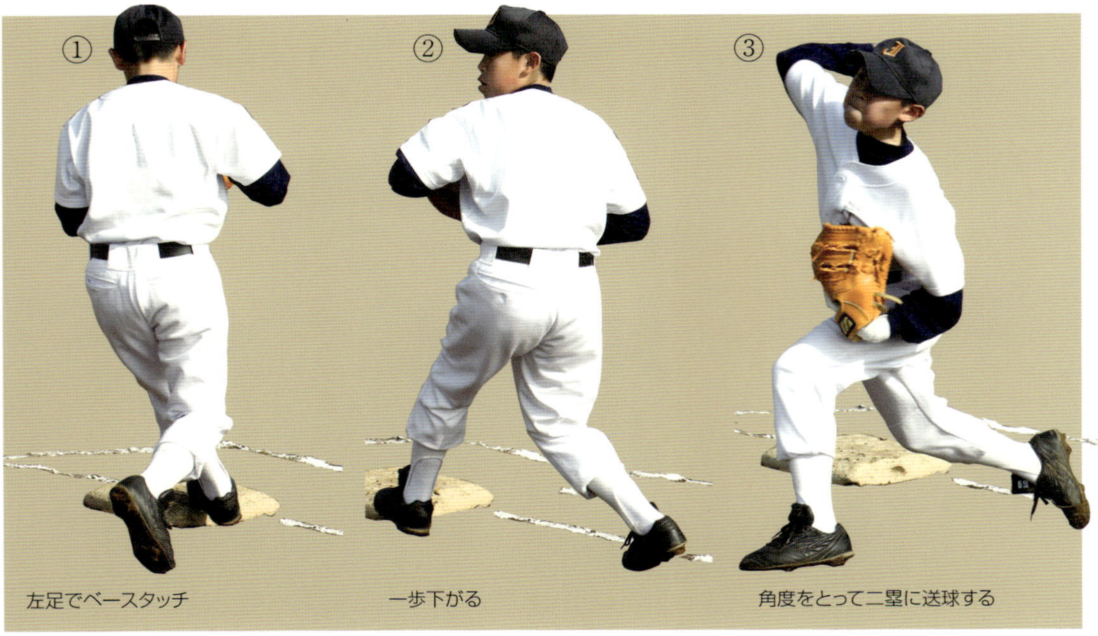

左足でベースタッチ　一歩下がる　角度をとって二塁に送球する

右投げ一塁手の二塁送球

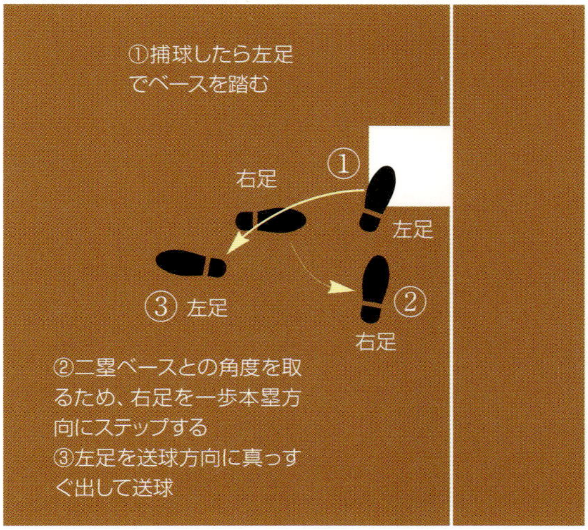
①捕球したら左足
でベースを踏む
①
右足
左足
③ 左足
②
右足
②二塁ベースとの角度を取
るため、右足を一歩本塁方
向にステップする
③左足を送球方向に真っす
ぐ出して送球

左投げ一塁手の二塁送球

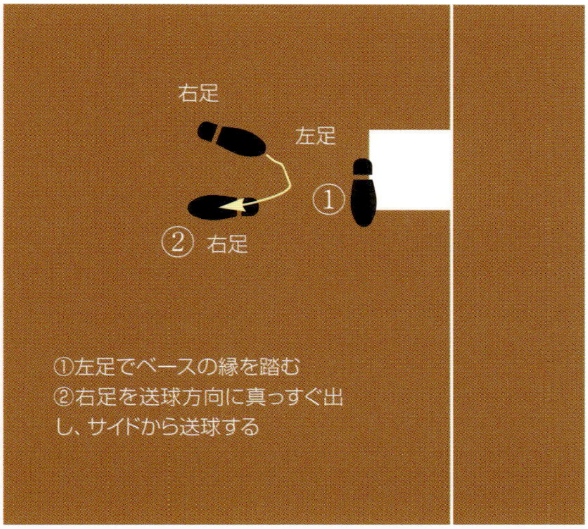
右足
左足
①
② 右足
①左足でベースの縁を踏む
②右足を送球方向に真っすぐ出
し、サイドから送球する

走者が走っていないとき

③

走者を追ってから送球する

①

走者が走っていないときは、あせって投げない

②

走者を追う

2-6

一塁手のセオリー

バントを処理して三塁送球、または一塁送球

マウンド周辺から一塁線までは、一塁手がカバーする

無死、走者二塁、または一、二塁のときは、三塁手が前に出られないので、投手は投球後素早く三塁方向にマウンドを下りる。このケースは、マウンド付近から一塁線までを一塁手がカバーする。

攻撃側は、三塁手に捕らせるように三塁線にバントするのが基本だが、一塁手の守備力がないと一塁線にやってくる。送りバントのケースで、一塁手の前にバントされ、簡単に走者を三塁に進められるようではトーナメントを勝ち抜くことはできない。平凡なバントは、先の塁でアウトにできる技術を身に付けよう。特に、走者一、二塁のときはフォースアウトなので、アウトが取りやすい。

前進守備で守り、打者がバントの構えをしたら、打者に向かってダッシュする。打者がバントの構えからヒッティングの構えに変えたら止まる。打者の動きで自分の動きを変えられるよう、俊敏に動く。

打者がバントして自分で処理できると判断したら、大きな声で捕球する意志を他の選手に伝え、素早く打球処理に向かう。三塁でアウトを取るつもりでダッシュするが、捕手から送球位置の指示が出るので、その指示に従う。

右投げの一塁手の場合は、ボールの左から回り込み、三塁方向への勢いを保ったまま、その勢いを利用して送球する。打球が右方向ならバックハンドで捕球し、そのまま送球する。また、正面から左方向なら、ボールの右から回り込み左回転で勢いを付けて送球する。ただし、どの場合でも、上体だけに頼らず、下半身を使いステップを踏んで送球する。捕球した位置から素早く送球できる技術が必要だ。左投げの一塁手の場合は、捕球したら、そのまま三塁に送球できる。この場合も、下半身を使ってステップを踏んで送球することが重要だ。

三塁が間に合わなければ一塁でアウトを取る

二塁走者のスタートが良かったり、打者のバントが上手かったりで、三塁でアウトにできないと判断したら、一塁でアウトを取る。二塁手が一塁ベースをカバーするので、二塁手にタイミングを合わせて送球する。

バントを処理して三塁へ送球する

右投げ一塁手の三塁送球

ダッシュして捕球する

三塁方向へ身体を入れ変える

ステップを使う

重心を移動して素早く送球する

左投げ一塁手の三塁送球

素早くダッシュして打球に追いつく

重心を軸足に乗せる

ワンステップで素早く送球する

2-7

走者二塁または三塁の一塁ゴロの処理

一塁手のセオリー

二塁走者の三進は防げない。三塁走者の生還は防ぐ。三塁走者を目で押さえて、ベースタッチ

無死または一死、走者二塁の一塁ゴロ

無死または一死、走者二塁で、守備側がバント守備態勢を取っていないときの走者は、一塁ゴロでは、三塁に進むのがセオリーだ。一塁手は、よっぽどのことが無い限り、三塁でアウトにするのは難しい。このケースは、確実に捕球し打者走者をアウトにする。ただし、二塁走者が躊躇《ちゆうちよ》して飛び出したり、大幅にスタートが遅れたりした場合は、二塁走者をアウトにする。二塁走者が躊躇して、二、三塁間で止まっていたら、すぐに送球せず、走者を追う。走者の追い方は、若い方の塁に追い込むように追う。このケースでは、三塁ベース方向に走って行き、二塁ベース方向に追い込む。走者が三塁へ走ったら、三塁手が二塁方向へ追えるように早めに送球する。

無死または一死、走者三塁の一塁ゴロ

無死または一死で走者三塁のときは、前進守備が基本だ。一塁ゴロで走者が本塁をついた場合はバックホームで三塁走者をアウトにする。三塁走者は一か八かの勝負をかけてくることがあるので、投球モーションにタイミングを合わせ動ける姿勢で構え、インパクトに集中することが重要だ。一塁に打球が来て、三塁走者がスタートを切っていたら、一塁手は思い切り前に出て捕球し、素早く送球する。クロスプレーになる場面では、捕った位置からアンダースローで送球する。三塁走者がスタートを切っていないときは、三塁走者を目で押さえながら一塁ベースを踏んで打者走者をアウトにする。

一、二塁間に来たゴロを一塁手が捕って投手にトスするプレーは、集中しないとミスが起き得点を与えることになる。一塁手は、捕球したら三塁走者がスタートを切っていないことを確認しながら、一塁ベース方向に動く。投手としっかりタイミングを合わせトスする。投手は三塁走者に背を向けて捕球しベースを踏むので、三塁走者の動きが見えていない。一塁手は、三塁走者の動きを大きな声で投手に知らせる。

捕球したら三塁走者を見る

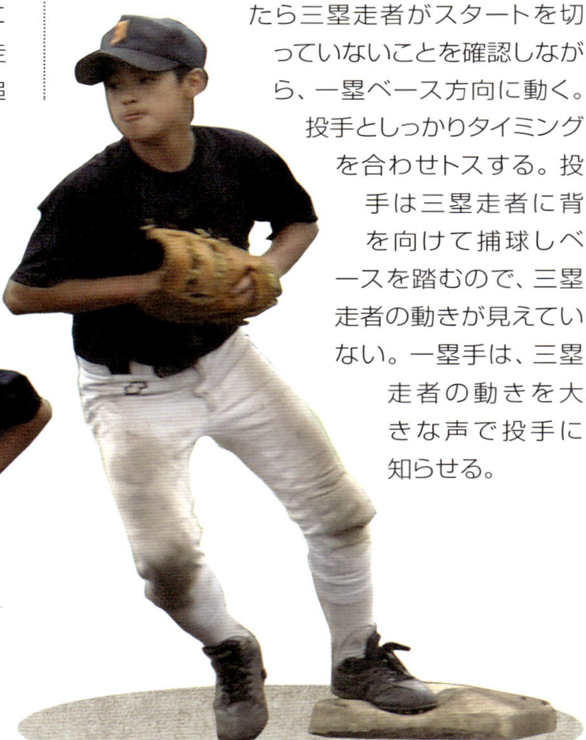

三塁走者を目で押さえてベースタッチする

走者三塁は、走者を見ながらベースタッチ

捕球したら走者を見る

走者の走塁を確認する

走者がスタートを切っていないことを確認する

素早くベースに向かう

打者走者をアウトにする

三塁走者の動きを確認する

捕球して自分でベースタッチ

走者二塁のときの一塁ゴロは、捕球してベースタッチ

2-8

一塁手のセオリー

走者一、三塁のセカンドゲッツー

セカンドゲッツーが基本だが、三塁走者が本塁を狙い、打球が弱ければ、本塁送球

基本はセカンドゲッツー

一死、走者一、三塁からの一塁ゴロはセカンドゲッツーでチェンジにするのが基本だ。ただし、この場合はゲッツーが取れないと得点を与えてしまう。緩いゴロでゲッツーが取れないと判断したら三塁走者を本塁でアウトにするのも基本だ。簡単に得点を与えてはいけない。最終回の裏、0対0で一死、一、三塁でも、普通の一塁ゴロだったらセカンドゲッツーが普通に取れるように練習しておくことが重要だ。

三塁走者を目で押さえる

三塁走者は一死なので簡単にはアウトになりたくないと思っている。一塁手は、捕球したら、一瞬、三塁走者を見て目で押さえると走者はスタートが切れない。目で押さえてセカンドに送球してゲッツーを成立させる。三塁走者が走っていなければゲッツーがくずれても得点を与えなくて済む。また、無死のときほど、三塁走者はスタートを切らないのが一般的だ。無死、一、三塁でゲッツーがとれ、三塁走者も釘付けにするのも一塁手の技術だ。

迷わずセカンドゲッツー

素早く打球に追いつく

正面で捕球する

迷わず二塁への送球体勢を取る

素早く左回転する

軸足に重心を乗せ、ボールを握り変える

前足を真っすぐ出し、素早く送球する

打球が緩ければバックホーム

① 打球が緩ければダッシュして前に出る

② 全力で打球に追いつく

③ 腰を落とさず送球姿勢に移れる態勢で捕球する

④ 捕球したらグラブを引き上げる

⑤ 身体の中心まで引き上げる

⑥ ステップを踏んで両手を割る

⑦ 軸足を直角に本塁方向に向け、重心を乗せる

⑧ 前足を真っすぐ本塁方向に出し、重心を移す

⑨ 肘を先行させ、コンパクトに素早く送球する

2-9 満塁でのホームゲッツーとセカンドゲッツー

ファーストゴロは、ホームゲッツーが基本。セカンド、ショートゴロはセカンドゲッツー

ホームゲッツー

一死、満塁での守備態勢は中間守備が一般的だ。一塁ゴロはホームゲッツーでチェンジにする。中間守備は、本塁と二塁とでは送球距離もほとんど同じなので、ホームゲッツーでもダブルプレーが取りやすい。また、ゲッツーが崩れても得点を与えなくて済む。このケースでは、捕球して本塁へ送球したら素早く一塁ベースに戻り、左足でベースを踏み、走者と重ならないフェアゾーンに構えて送球を待つ。捕手からの送球を捕球してゲッツーを成立させる。ただし、ゲッツー崩れで、打者走者がセーフになることもある。一塁手は、捕球して終わりではなく、次のプレーに備えることが重要だ。三塁走者が三塁を回り、本塁を狙って走っていれば、素早く本塁に送球する。また、三塁を回り本塁を狙ってオーバーランをしていれば、素早く送球してアウトにする。

セカンドゲッツー

中間守備のショートゴロとセカンドゴロは、捕球位置が二塁ベースに近いので、セカンドゲッツーが取りやすく、セカンドゲッツーでダブルプレーを成立させるのが基本だ。一塁へは二塁ベースを経由して転送されてくる。このとき、悪送球が来たときの対応が重要だ。1点やったら負けるケースのときは、ベースに着いて捕球することに勝負をかける。2点差以上あり二塁走者をかえしたくないときは、身体を張ってボールを止める。一塁手のケースバイケースでの判断が勝敗を分けることもある。また、ゲッツー崩れのときや悪送球を身体で止めた後のプレーが重要になってくる。二塁走者が本塁を狙っていれば、素早くボールを拾って本塁送球に備えることが重要だ。アウトやセーフを自分で判断せず、常に次のプレーがあることを肝に銘じて守る。

ホームゲッツー

捕球したら本塁へ送球する

素早くベースに戻り、捕手からの送球を待つ

ゲッツー崩れからの本塁送球

二塁からの転送を待つ

本塁よりに逸れたので、本塁よりに前足を出して捕球

ゲッツーが成立しなかったので、次のプレーに備える

二塁走者の動きを見る

二塁走者が三塁を回って本塁に走っていたら、本塁への送球体勢を取る

本塁へ素早く送球する

悪送球を身体を張って止める

二塁からの送球を待つ

難しいハーフバウンドの送球が来たので、身体の中心をボールに向ける

ボールを身体で止める

2-10 内野手からの送球を捕球して三塁送球

内野ゴロで内野手の送球と同時に二塁走者が三塁にスタートを切ったら、捕球して素早く三塁送球

内野手からの送球を捕球して三塁送球

無死または一死、走者二塁でのセカンドゴロ、ファーストゴロは、二塁走者は三進する。サードゴロ、ショートゴロは、三塁に走らないのが走者の基本だ。三塁に走ったら簡単にアウトになってしまうからだ。ただし、三塁手や遊撃手が一塁に送球している隙をみて、三塁にスタートを切る走者もいる。このケースは、一塁手は、捕球したら慌てず、ステップを踏んで素早く三塁に送球する。ここであせって送球すると、悪送球になり1点を与えてしまう。一塁手は、捕球したら終わりではなく、常に次のプレーがあることを予測しておくと、慌てず安定したプレーをすることができる。これらのプレーは、普段の練習で、捕球から三塁送球または本塁送球を取り入れ、完璧にこなせるように準備しておくことが重要だ。

では、二塁走者が走ったらどうするか？ ①打者走者をアウトにし、それから三塁に送球する。②打者走者をアウトにしないで前で捕って素早く送球し、二塁走者をアウトにする。これもケースバイケースだ。打者走者を確実にアウトにして三塁走者をアウトにするのが基本だが、どうしても三塁に進まれたくないときは、三塁走者をアウトにすることを優先する。

一塁牽制から三塁送球

走者一、二塁では、一塁手が一塁ベースに着いていないため、一塁牽制をすることはほとんど無い。ただし、サインプレーで投手からや捕手からの一塁牽制は、二塁走者が三塁にスタートを切ることがある。また、無死または一死、走者二塁で振り逃げのときも、捕手が一塁に送球している間に、二塁走者が三塁にスタートを切ることがある。一塁手は、これらのプレーを頭に入れ、どんなときも素早く対応することが重要だ。

ベースに着いて捕球

素早く三塁送球

内野手からの送球を捕球して三塁送球（打者走者をアウトにする）

内野手からの送球を待つ

前足を送球方向に出す

送球動作に移れる姿勢でベースを踏んで捕球する

三塁方向にワンステップする

三塁方向に軸足を直角に前足を真っすぐ出す

重心を前足に移動して素早く送球する

内野手からの送球を捕球して三塁送球（ベースを離れて捕球する）

内野手からの送球を待つ

ベースを離れて一歩前に出て捕球する

ステップを踏んで素早く送球する

2-11

一塁手のセオリー

内野手からの送球を捕球して本塁送球

内野手からの一塁送球と同時に三塁走者が本塁にスタートを切ったら、捕球して素早く本塁送球

ベースを離れて捕球し本塁送球

無死または一死、走者三塁で、内野手からの一塁送球と同時に三塁走者がスタートを切ったら、一塁手は一塁ベースを離れて捕球し素早く送球して三塁走者をアウトにする。

ベースを踏んで捕球し本塁送球

点差があるときや、打者走者をアウトにしてからでも三塁走者をアウトにできるときは、一塁ベースを踏んで捕球し、まずは、打者走者をアウトにする。アウトにしたら素早く本塁に送球し、三塁走者もアウトにする。

捕球から送球

三塁走者のアウトを優先するときは、どこに送球されてくるかにもよるが、正面なら一歩前に出て、本塁へ送球しやすい体勢で捕球する。捕球したら軸足を直角に、前足を真っすぐ本塁方向に向け、重心を軸足から前足に移動してコンパクトに送球する。捕手がタッチしやすいところ（捕手のミットの位置）に変化しない素直なボールを送球する。

内野手からの送球が逸れたら、身体の中心で捕球できるよう逸れた位置まで素早く動き、身体の中心で捕球し、ステップを踏んで素早く送球する。

打者走者をアウトにしてから本塁へ送球するときは、伸びて捕球しないようにする。伸びて捕球すると、体勢を立て直すのに時間がかかり過ぎて三塁走者をアウトにできない。軸足をベースにつけて捕球するが、素早く本塁に送球できるよう、両膝を曲げて捕球する。捕球したら、ステップを踏んで小さなモーションで素早く送球する。このケースでは、左投げより右投げの方が早く送球できる。

ベースを踏んで捕球

ベースを離れて捕球

ベースを踏んで本塁送球

三塁走者が本塁へスタートを切ったので、送球できる体勢でボールを待つ

ベースを踏んで捕球する

捕球したら素早くステップする

前足を本塁方向へ真っすぐ出す

肘を先行させる

コンパクトに送球する

ベースを踏まずに本塁送球

ベースを離れてボールを待つ

捕球と同時に本塁方向へステップする

コンパクトに素早く送球する

2-12 一塁走者がタッチアップして二塁にスタートを切ったら、一塁ベースカバーの投手に送球する

直接二塁に送球しない

無死または一死、走者一、三塁で、一塁後方、スタンド側の深いファウルフライが上がり、一塁手、二塁手、右翼手が打球を追った場合は、投手が一塁ベースカバーに入る。このファウルフライを一塁手が捕球したら、三塁走者がタッチアップすることがある。一塁手は体勢を立て直し、バックホームに備える。また、三塁走者がタッチアップでスタートを切っていなくても、一塁走者が二塁へタッチアップでスタートを切ることがある。このケースで一塁手が、二塁ベースへ直接遠投すると、三塁走者はタッチアップで楽々とホームインできる。一塁手は、直接二塁ベースに送球してはいけない。一塁手は、一塁ベースカバーに入った投手に送球するのがセオリーだ。投手は、捕球と同時に三塁走者を確認して、三塁走者がスタートを切っていなければ、二塁へ送球して一塁走者をアウトにする。また、二塁への送球と同時に三塁走者がスタートを切ることがあるので、投手は素早く、速いボールを投げる。

カットを使う

無死または一死、走者二塁のときも、一塁後方のファウルフライで、走者がタッチアップで三塁にスタート切ることがある。一塁手は走者がいるときにフライを捕球したら、次のプレーがあることを忘れてはいけない。走者二塁のときのファウルフライは、三塁まで距離があり、送球方向に勢いを付けて捕球できないので、素早く体勢を立て直し、カットに入った二塁手に送球する。無理して直接送球してはいけない。悪送球になると、得点を与えることになる。

走者一、三塁、ファーストファウルフライのフォーメーション

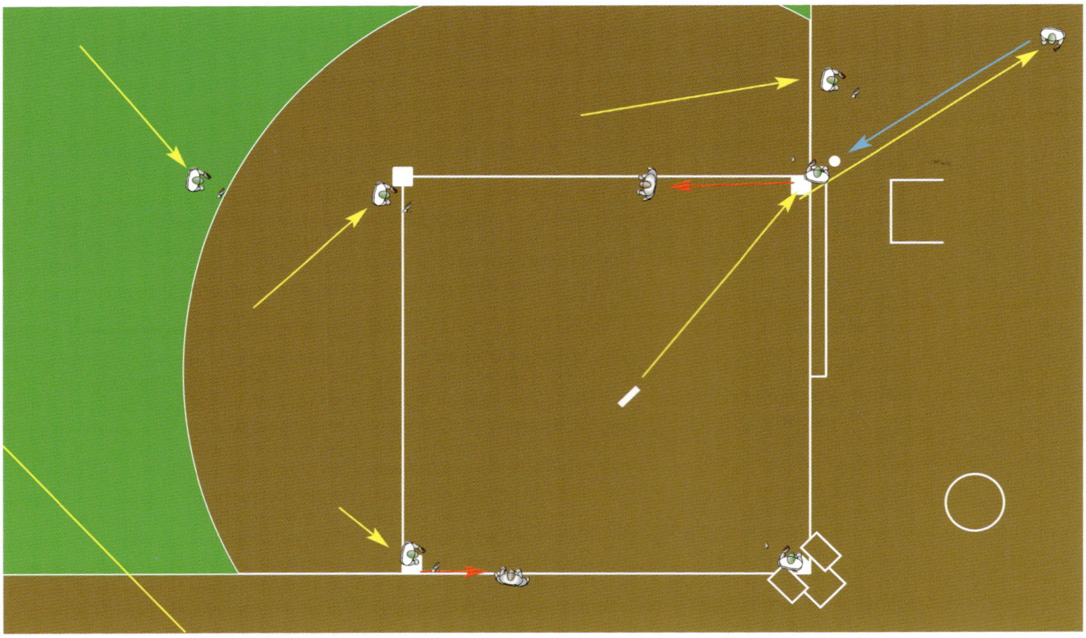

一塁ベースカバーに入った投手に送球する

捕球したら、一塁ベースカバーの投手に送球

フェンスに近づき打球を確認する

一歩前に出て捕球体勢に入る

捕球する

捕球したら走者を確認する

走者が三塁にスタートを切ったら、中継に入った二塁手に送球する

コンパクトに素早く送球する

走者二塁、ファーストファウルフライのフォーメーション

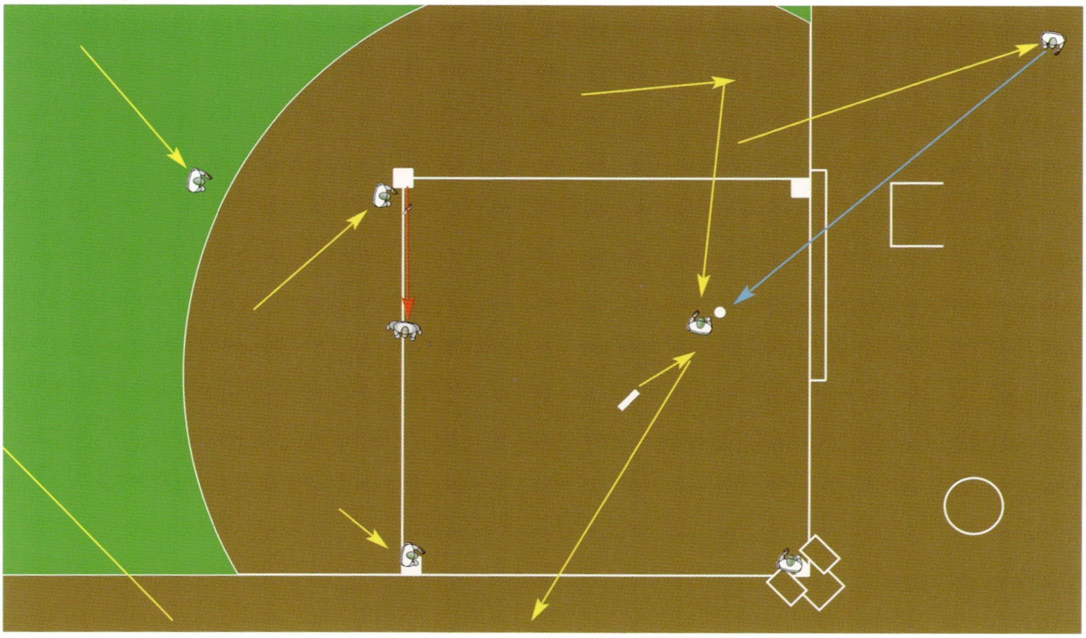
中継に入った二塁手に送球する

第3章

フライの捕球

3-1

ピッチャーの上に高く上がったフライ

声の連係

ピッチャーマウンド付近に高く上がったフライは一塁手が捕る。大きな声で捕球することを伝える

投手周辺に高く上がった内野フライ

マウンド付近に高く上がったフライは、投手がマウンドを下り、野手に捕球を任せるので、一塁手が積極的に捕りにいく。一塁手は、ボールを横から見られるので、落下地点が判断しやすく距離も近いので、簡単に落下地点に入ることができる。三塁手も打球を追って捕球しにくるので、大きな声を出し捕球の意志を伝え、確実に捕球する。

捕球方法は、落下予想地点の一歩後ろまで素早く移動し、ボールが落ちてくるのを待つ。風が流れて行く方向に打球が流されることも頭に入れておく。ボールが落ちてきたら、一歩前に出て、ファーストミットを上げてボールが見える位置で捕球する。最初からファーストミットを上げて捕りにいくと、ミットでボールが隠れたり、捕球する腕が固定され、落下時の変化に対応できなかったりで、エラーの要因になる。

捕手周辺に高く上がった内野フライ

また、本塁ベース付近に高く上がったフライは、強い回転がかかっているので、内野方向へ切れ込んでくる。捕手の方が距離的に近くても一塁手が捕れるなら、一塁手が捕った方が簡単で確実だ。この場合も、積極的に捕りにいき、大きな声で捕球することを捕手と他の内野手に伝える。この場合は、あせって落下地点に入ってしまうと打球が切れ込んでくる分だけ、頭を越されることになる。落下予想地点の約1メートル後ろで待つくらいが丁度良い。

他の野手を制して
捕球体勢に入る

一塁手の守備範囲

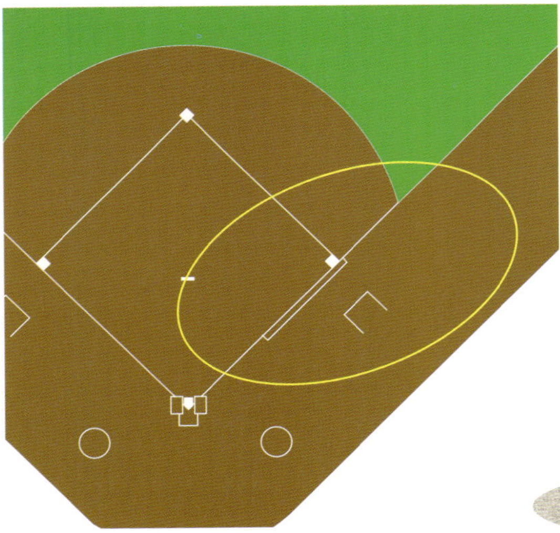

フライ捕球の守備範囲

投手周辺に上がったフライの捕球

打球を追う

落下地点を確認する

打球を斜め前に見る

後ろから前に進みながら打球を確認する

落下地点の一歩後ろで落下を待つ

他の野手を制して捕球する意志を伝える

一歩前に出て、ボールが落ちてきてからミットを上げる

両膝を曲げ、どの方向にも動ける体勢で構える

ボールとミットが重ならない位置で捕球する

3-2

声の連係

ファースト後方のフライ

後方のフライは無理して追わない。セカンドまたはライトが捕れるなら任せる

内野と外野の中間のフライは外野手に任せる

一塁手と右翼手の中間に上がったフライは、右翼手の方が捕りやすい。一塁手と右翼手の中間に打球が上がり、声の連係で右翼手が捕球する意志が確認できたら、一塁手は右翼手に捕球を任せる。ただし、最初から諦めて打球を追わないのは怠慢プレーだ。フライはどこに上がっても積極的に捕りにいき、捕球できるなら、その時点で大きな声を出し、自分が捕ることを他の野手に伝える。この時点で右翼手も声をかけてきたら、右翼手に任せ、任せたことを右翼手が分かるように大きな声で伝える。この、声の連係が、どちらかが確実に捕球できるための基本だ。その上で衝突も避けられる。

一塁手後方のフライは二塁手の方が捕りやすい

一塁後方に上がったフライは、一塁手が真後ろに走って捕球するより、二塁手が回り込んで捕球する方が簡単に捕球できる。二塁手が声をかけたら、深追いせず二塁手に任せる。ただし、一塁手は、最初から二塁手に任せてはいけない。まず、フライが上がったら、必ず追う。二塁手も右翼手も打球を追うので、その流れの中で誰が一番捕りやすいかを判断して声をかける。一塁手が確実に捕球できるなら、大きな声で捕る意志を伝え、確実に捕球する。

深追いしない範囲

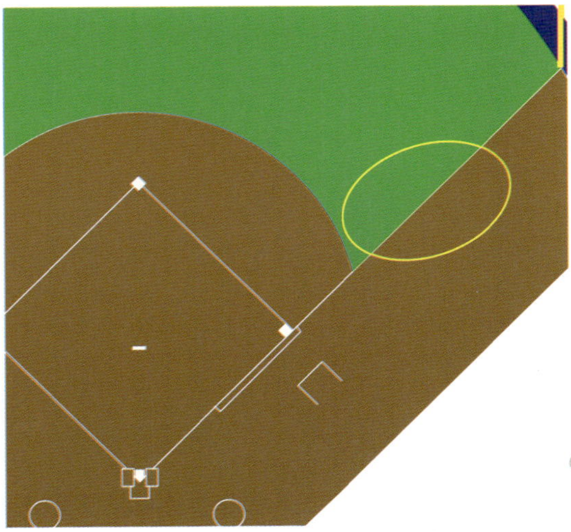

後方のフライは深追いせず、二塁手、外野手に任せる

自分が捕球できるなら積極的に捕りにいく

ファースト後方に上がったフライの捕球

フライが上がったら半身で打球を追う

落下地点の後ろに回り込む

打球を斜め前に見る

後ろから前に進みながら打球を確認する

一歩前に出て落下を待つ

ボールとミットが重ならない位置で捕球する

半身で下がって後ろからボールを見る

①半身で素早く下がる

②落下地点の一歩後ろで落下を待つ

③ボールが落ちてきてからグラブを出す

3-3

ファーストファウルフライ

落下地点に素早く移動する。フェンス際のフライは一度フェンスについて、余裕を持って捕球する

一塁側のファウルフライ

右打者が打ったファウルフライはフェンス際に逃げていく。なるべく早く落下地点に入るのが基本だ。落下地点に素早く移動し、落下地点を追い越し、向き直って一歩前に出て捕球すれば確実に捕球できる。向き直る余裕がないときは左半身のまま、後方に動ける姿勢で捕球する。

フェンス際の高いフライ

右打者が打った一塁ファウルフライは逃げていくが、バックネットから一塁ベンチ方向に上がったフライは、鋭い回転がかかっているので、グランド方向へ戻ってくる。ファウルと思っても必ず打球を追うことが重要だ。

フェンス際のフライはフェンスが気になり、思い切ったプレーができないときがある。なるべく早くフェンスに付くと余裕を持ってプレーできる。ぎりぎりで捕れるかどうかのフライのときはスライディングキャッチでフェンスとの激突を避ける。

三塁に走者がいるときのフライ

一塁ファウルフライで気を付けなければならないのは。ベンチ前のフライだ、一死、走者三塁でベンチ前のフライを捕球し、ベンチ内に倒れ込むとボールデットとなり、打者はアウトになるが走者の生還を許すことになる。無死または一死で走者が三塁にいるときは、ベンチ内に倒れ込まなければ捕れないようなフライは、捕らないようにしよう。

なるべく早くフェンスに着き、余裕を持って打球を見る

フェンス際に高く上がったフライの追い方

半身で、素早く打球を追う

打球を追いながら落下地点を予測する

落下地点の後ろに回り込む

フェンス際のフライは、なるべく早くフェンスに着く

両膝を曲げ、どの方向にも動ける姿勢で打球の質を見極める

余裕を持って打球を見る

ボールが落ちてくるまで、ミットを上げない

落ちてきてからミットを出す

ボールとミットが重ならない位置で捕球する

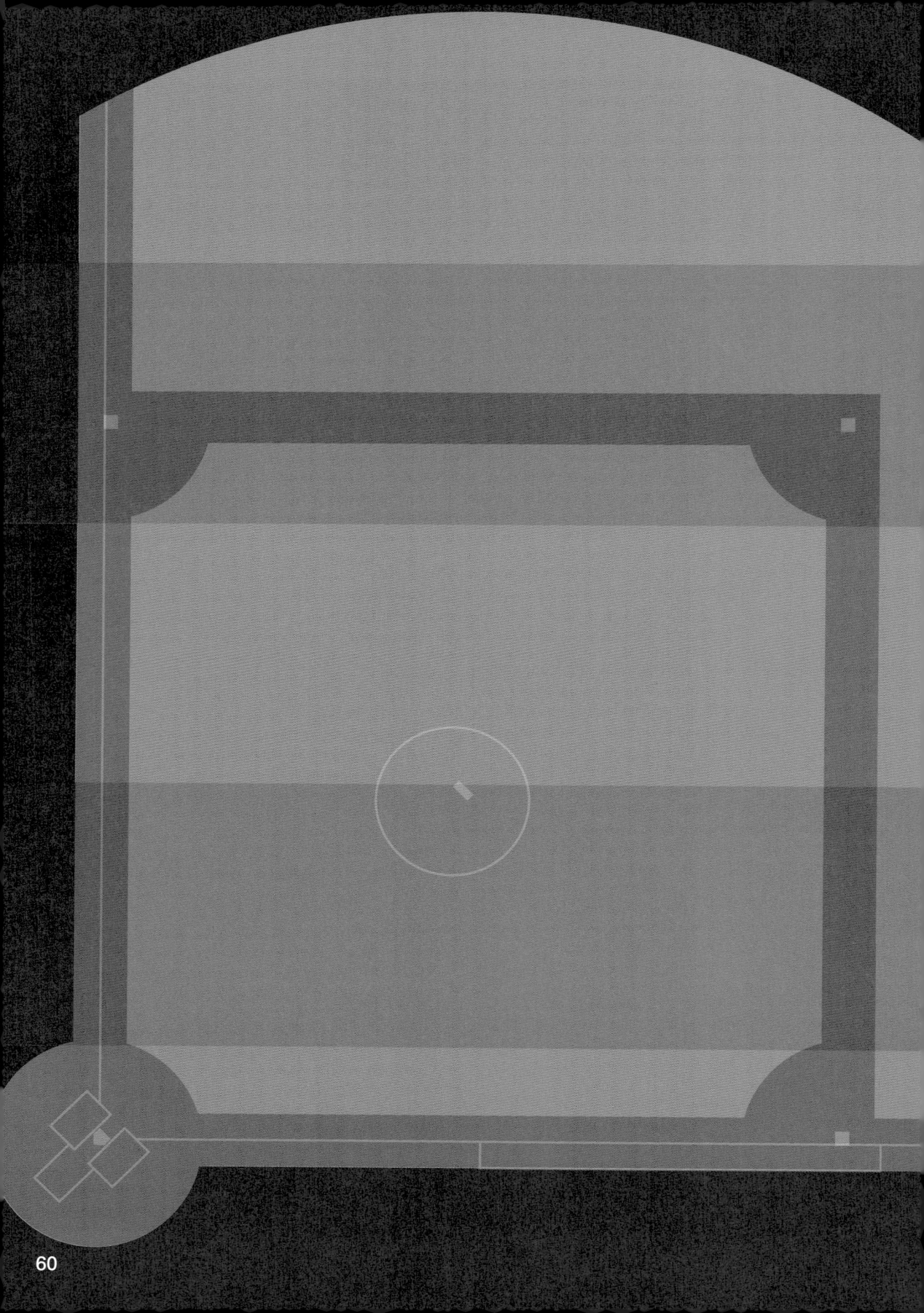

第4章

逸れたボールの捕球

4-1

動いて捕球

ファーストミットを下から上に使って捕球。正面から右はバックハンドが捕りやすい

ショートバウンドはバックハンドで捕球する

正面のショートバウンドはバックハンドで捕球する。バックハンドだとファーストミットが立ち、ボールに直角に向けやすく捕球しやすい。ファーストミットを下から上に使うとバウンドも合わせやすく、ボールがミットに吸い込まれるように入ってくる。身体を伸ばしてフォアハンドで捕りにいくと、ファーストミットが立てにくく、すくい上げようとすると、ミットが寝て弾きやすくなる。

軸足拇指球重心でベースをしっかり踏み、バックハンドでボールと直角に向ける

身体を伸ばせばノーバウンドで捕球できるときは、フォアハンドの方が捕りやすい。ファーストミットは、ポケットが深く捕球しやすい形になっている。いったんミットに入れれば簡単にはこぼれ落ちないはずだ。バックハンドでもフォアハンドでも、捕球はシングルハンドの方が身体が伸び捕球範囲が広くなる。他の野手からの送球はシングルハンドで捕球するようにしよう。

ハーフバウンドは引いて捕る

大きく伸びて捕球するとハーフバウンドになる送球は、身体を引き、ベースの上までボールを引きつけると捕球しやすくなる。内野手の送球と同時に送球の軌道を見て、ショートバンドで捕れるかハーフバウンドになるかを瞬間的に判断する。ハーフバウンドになるようなら、前に大きく伸びず、ベース上まで身体を引き、重心を落として身体の中心で捕球する。

勝負しなければならないケースがある

1点差の二死三塁などの内野ゴロで、打者走者をアウトにしなければ得点されるケースがある。このケースで、捕球するのが難しいハーフバウンドの送球が来たときは、身体で止めるのではなく、後ろに逸らすリスクを覚悟で捕球することを優先する。身体で止めて前に落とすと、打者走者がセーフになり得点を与えてしまう。ここは、どんな形でもいいからボールを捕ることに勝負をかける。

2点差の二死二、三塁など1点はいいけど2点はやれないケースでは、身体を張ってボールを止める。一塁手は、常に状況を判断し、チームが勝つためにはどういうプレーをすべきかが分かっていなければならない。

ショートバウンドの捕球

①

重心を落とし、ミットを下ろす

②

ミットをボールに直角に向け、大きく開く

③

下から上にミットを使って捕球する

④

捕球したらミットを閉じる

⑤

ベースは、軸足の拇指球でしっかり踏んだままにしておく

⑥

ミットは下から腰の高さまですくい上げる

ハーフバウンドの捕球

①

ハーフバウンドは、身体をベースの上まで引く

②

バウンドとのタイミングを合わせる

③

ミットを大きく開いて捕球する

4-2

動いて捕球

走者と交錯しないようラインの前で捕球。捕球できないボールはベースを離れて捕球し、走者にタッチする

本塁側に逸れたボールはファウルラインの内側で捕る

本塁側に逸れたボールをライン上やファウルゾーンで捕ると打者走者と交錯し危険だ。打者走者はファウルラインとスリーフィートラインの間を走る。内野手からの送球が本塁側に逸れたら、利き足でベースの角を踏みファウルラインの内側に前足を出し、打者走者と交錯しないフェアグランド内で捕球する。

左投げ一塁手の場合は、足を踏み変えて捕球する。

本塁側に大きく逸れたボールはベースを離れて捕球する

本塁側に大きく逸れ、ベースを踏んだままでは捕球できない送球は、早めに判断しベースから離れて捕球する。捕球したら打者走者の身体にタッチするか、打者走者より早くベースタッチしてアウトにする。打者走者にタッチするときは、顔や頭にタッチしないで、肩から下の身体にタッチする。

このケースで一塁手は、バランスを崩して捕球しにいっている。打者走者もセーフになろうと全力で走っている。ファウルラインの外側で捕球すると、打者走者と交錯しやすくなり、最も危険だ。素早い判断でベースを離れ、フェアグラウンド内で捕球する。

ファウルラインの外側で捕球すると危険

ファウルラインの内側で捕球する

本塁側に逸れたボールの捕球

①
ボールが来た方向に前足を出す
②
軸足の拇指球でベースを踏む
大きく伸びてシングルハンドで捕球する

本塁側に逸れたボールの捕球

大きく逸れたら、早めにベースを離れる
①
②
本塁側にジャンプして捕球する
③
ベースに戻れないので、打者走者にタッチする

ライト側に逸れたボールの捕球

4-3 ライト側のベースの角を踏み大きく伸びて捕球。捕球できないボールはベースを離れて捕球しベースタッチ

動いて捕球

ライト側に逸れたボールは足を踏み変え捕球する

内野手からの送球に備えるとき、膝が伸び切っていると左右の動きがスムーズにできず、足の踏み変えが上手くいかない。重心を落とし、ボールを下から見るようにして構え、どの方向にでも動ける体勢で送球を待つ。

ライト側に送球が逸れたら、右投げの一塁手は、足を踏み変え、左足でライト側のベースの角を踏んで、なるべく身体の正面で捕球する。大きく伸びなければ捕れない送球は、右足を送球方向に出し、身体を捻り左腕を大きく伸ばすと捕球範囲が広くなる。送球者がリリースした直後の軌道で、ベースを踏んで捕れるかどうかの判断をして、捕れると判断したら大きく伸びで捕球する。

ライト側に大きく逸れたボールはベースを離れ捕球を優先する

大きく逸れたら、ベースを離れ捕球することを優先する。捕球したら素早く戻ってベースを踏む。ベースを踏みにいくより頭から滑って、ベースタッチした方が早いときは、腕を大きく伸ばしてファーストミットでベースタッチする。

右投げの一塁手の場合、このケースで軸足をベースに着けて固定していると、ボールが逸れたライト側に素早く動けない。両足を踏み変え、左足でベースを踏むと、逸れた方向に出した右足（軸足）が軸になるので、ライト側に大きく踏み出すことができ、捕球した後もベースに戻りやすい。

ライト側に逸れたら、足を踏み変え
左足でベースを踏む

軸足をベースに着けて捕球できる範囲であれば、
軸足をベースに着け左足を前に出して捕球する

足を踏み変えて捕球する

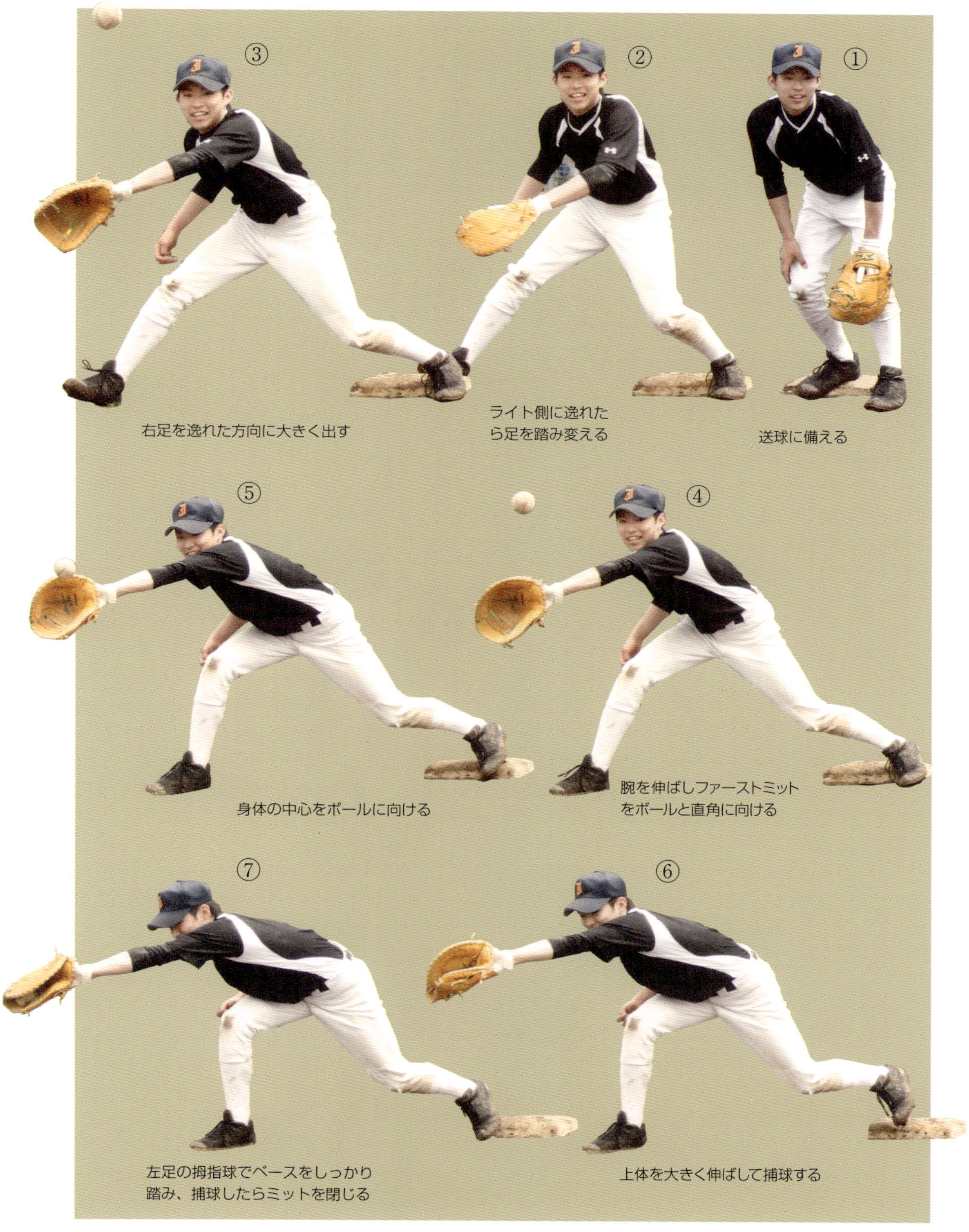

送球に備える

右足を逸れた方向に大きく出す

腕を伸ばしファーストミットをボールと直角に向ける

左足の拇指球でベースをしっかり踏み、捕球したらミットを閉じる

4-4

動いて捕球

高く逸れたボールの捕球

高いボールは半身で捕球。ぎりぎりのボールはつま先をベースに着けて大きく伸びて捕球する

高いボールは ベースの上で大きく伸びて捕球する

頭上高くにきたボールは、ベースに乗り、半身になって大きく伸びて捕球する。軸足のつま先だけをベースに着け、半身になると捕球範囲が広くなる。ジャンプしなくても捕球できるボールは、ジャンプしないで大きく伸びて捕球し、打者走者をアウトにする。

軸足のつま先をベースに着け、踵を上げ足首を立てる。右投げの一塁手の場合は、身体をボールに対して真横にして、左腕を大きく上げ、右腕を下げる。バックハンドで手首を立て、ファーストミットを立てると大きく伸び切ることができ、捕球範囲が広くなる。大きく伸び切れるのは一瞬なので、捕球のタイミングを合わせることが重要だ。このとき、軸足がベースから離れないよう注意する。

大きくジャンプしたら 軸足から下りる

ジャンプしないと捕れないようなボールは、ベースの上で、軸足を軸にして大きくジャンプする。ベースの上でジャンプした方が地面よりベースの厚み分だけ高い位置まで手が伸びる。半身になり、ファーストミットをバックハンドにすると身体が大きく伸び、さらに捕球範囲が広くなる。ジャンプして捕球できたら、軸足からベースに下りる。飛ぶときも下りるときも軸足（利き足）を軸にした方が怪我のリスクが少なくなる。

ボールの正面を向き、そのままジャンプすると大きく伸びきれない。また両手で捕球すると、身体が伸びきれず、捕球範囲が狭くなる。どんなときも、シングルハンドの方が捕球範囲が広くなることを覚えておこう。

ジャンプは上だけではない さまざまなケースがある

高く逸れてくるボールは、ベースの真上だけではない。左斜め上や右斜め上にも逸れてくることがある。左上や右上にジャンプして捕球しなければならないケースもある。この場合は、ベースの上からだけではなく、1、2歩移動して、タイミングを合わせてジャンプし捕球するケースも出てくる。身のこなしを良くし、どんな送球でも捕れるように練習しよう。

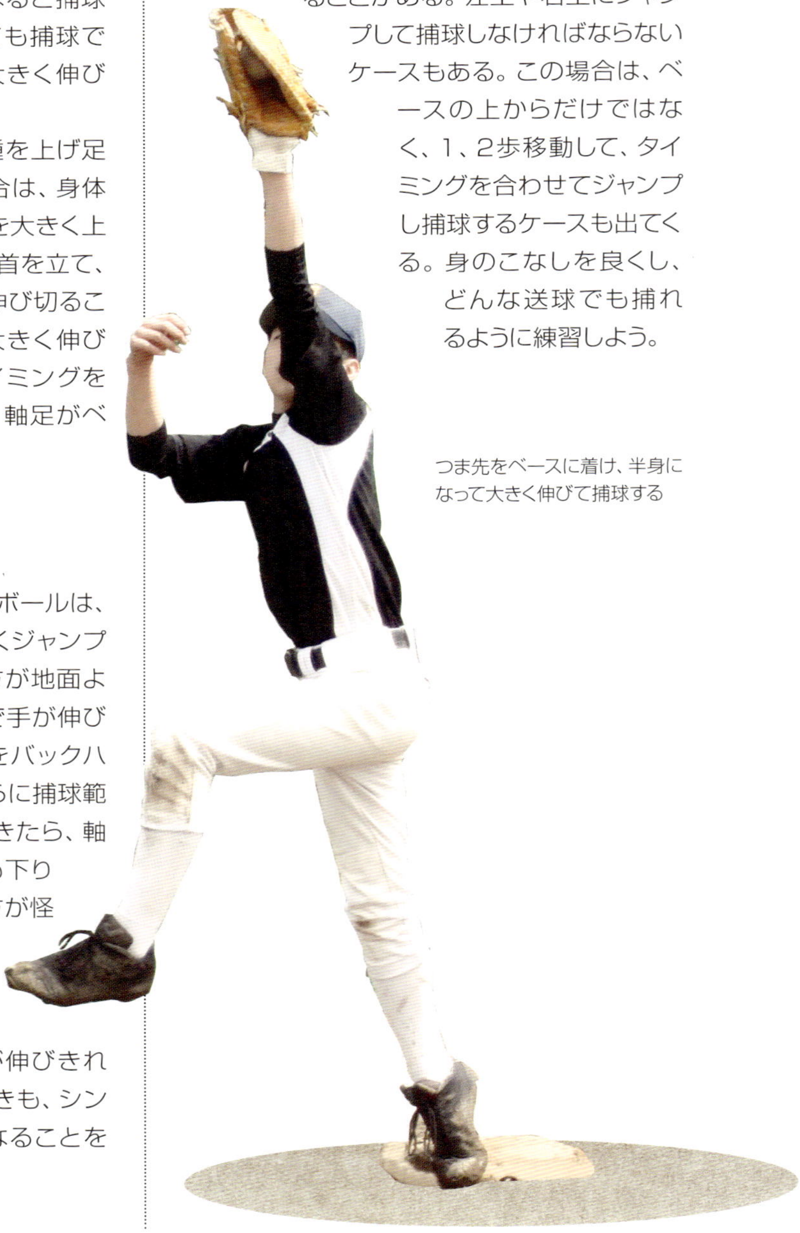

つま先をベースに着け、半身になって大きく伸びて捕球する

ベース上で大きく伸びて捕球する

① ベースについて捕球できるかどうかの判断をする

② 軸足つま先をベースに着け半身になる

③ 左腕を上げ、大きく伸びる

④ バックハンドで捕球する

ジャンプして捕球する

① ベースの上に乗る

② ジャンプする

③ 半身になる

④ 大きく伸びる

⑤ 捕球する

⑥ 軸足からベースに下りる

第5章

中継プレーとカバーリング

5-1

走者二塁／ライト前、センター前ヒットの中継

視野を広くし、臨機応変に動く

二塁走者をワンヒットでホームにかえさない。外野手と本塁のライン上に入り、大きな目標になる

ライン上に入る

外野手からの中継に入るときは、まず、ライン上に入る。ライン上への入り方は、外野手だけを見て入るのではなく、外野手の捕球地点を予測し、本塁を見て、外野手と本塁のライン上に入る。

センターからバックホームのケースは、マウンド付近で中継に入るケースが多い。この場合は、センターの捕球予測地点と本塁のライン上に入るので、マウンドの位置を目安にすると簡単に入れる。また、捕手の声で微調整をする。

外野手の大きな目標になる

外野手からの本塁送球は、ワンバウンドで送球するのがベストだ。

一塁手の中継位置は、外野手が一塁手の頭を狙って投げ、その送球を、一塁手がスルーすればワンバウンドになり、捕手が一番捕球しやすいボールになるところだ。外野手の捕球位置や肩の強さによって、外野手につめたり引いたりして中継位置を変える。

目標は動かない

外野手が送球しようとしているときに、カットマンが動くと目標が定まらず、送球が乱れる。一塁手は、なるべく早くベストなカット位置に入り大きく両手を上げボールを呼ぶ。

半身で捕球から送球

中継は外野手を向いて構えるが、送球されてきたら本塁方向にステップを踏みながら半身で捕球する。捕球する位置は半身になった身体の正面だ。本塁方向へステップを踏みながら捕球し送球すると、送球が簡単になる。本塁方向への動きを利用した中継で、勢いのあるボールが投げられる。

送球が逸れたときでも、必ず捕球し、身体を回転させ、素早く送球する。右利きは左回転、左利きは右回転で送球する。逆回転は送球が遅くなる。

素早くライン上に入る

半身で捕球し
素早く送球する

ライン上に入る

センター前ヒットのためライン上へ走る

捕手を見てラインを確認する

ライン上で送球を待つ

大きな目標になる

ライン上で手を上げる

外野手が送球するときは、大きな目標になり、目標は動かない

送球されてきたら、本塁方向へのステップを使う

半身で捕球から送球

本塁方向にステップしながら捕球する

捕球は半身になった身体の正面

前足を真っすぐ出してコンパクトに送球する

5-2 外野からの送球をカットして、本塁が間に合わなければ、他の走者をアウトにする

視野を広くし、臨機応変に動く

外野からの送球をカット

一塁手はどういう目的で中継に入るのか？一番の目的は、走者を本塁に生還させないためボールをつなぐことだ。外野手からの送球が逸れたり、山なりで球速が遅かったりした場合に、中継して捕手に送球する。低くて球速のあるボールで、捕手がワンバウンドで捕球できるときはスルーする。カットかスルーかは捕手の指示に従う。ただし、目的は中継だけでは無い。打者走者や他の塁の走者は、中継や送球の隙を見て先の塁に進もうとする。本塁もセーフで打者走者や他の走者にも次の塁に進まれるようではいけない。一塁手は、本塁で走者をアウトにできないと判断したら、送球をカットし三塁または二塁に投げ、打者走者や他の走者の進塁を防ぐ。

打者走者を二塁まで進ませない

走者二塁のときは、ワンヒットで二塁走者が本塁へ向かうのが一般的だ。外野手が捕手に直接送球したら（一塁手がスルーした場合も含む）、打者走者は二塁を狙う。また、一塁手が中継しても本塁送球なら二塁を狙う場合がある。一塁手は、本塁が間に合わなければ、外野からの送球をカットして打者走者を二塁でアウトにする。

ただし、本塁に投げさせまいとして打者走者が、わざと二塁に走るケースがある。特に、左投げの一塁手は、打者走者が見えているだけに打者走者をアウトにしたくなる。このケースは、二塁走者の本塁生還を防ぐのが第一で、本塁が間に合わないときには、打者走者の二塁進塁を防ぐということをしっかりと覚えておこう。

二塁走者を三塁でアウトにする

無死または一死、走者二、三塁のときのセンターフライで両走者がタッチアップでスタートを切った場合は、本塁でアウトにできるなら、中堅手は本塁に送球する。本塁は間に合わないが、二塁走者を三塁でアウトにできる場合は三塁に送球する。本塁に送球するときは一塁手が中継に入る。このケースで、二塁走者はスタートを遅らせることがある。一塁手は、中継しても本塁は間に合わないと判断したら、二塁走者の三塁進塁を阻む。一塁手は、中継して本塁、三塁、二塁へ素早く送球できる判断力と技術を磨こう。

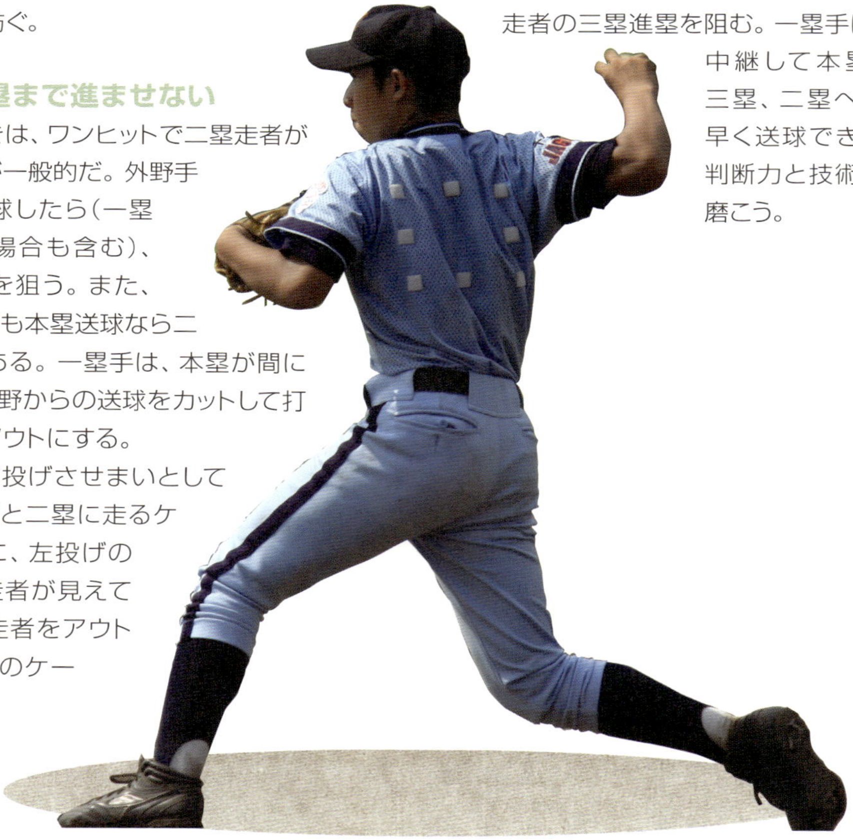

カットして三塁送球

ライン上で送球を待つ

重心を落としバックホーム体勢を取る

送球が逸れても動ける姿勢で待つ

逸れたら、逸れた方向へ素早く動く

本塁は間に合わないので、三塁方向へ回転する

軸足を三塁方向へ直角に向ける

コンパクトな動きで三塁送球体勢に入る

前足を三塁方向へ真っすぐ出す

肘を先行させ素早く送球する

5-3

走者一塁／ライト前ヒットの二塁ベースカバー

一、二塁間のヒットは二塁手が打球を追い遊撃手が中継に入るので、二塁ベースが空く

視野を広くし、臨機応変に動く

打球を追い、そのまま二塁ベースカバーに回る

一死、走者一塁のケースは、一塁手はベースに着き、二塁手はゲッツー狙いで二塁ベース寄りに守る。なので、一、二塁間が大きく空く。一、二塁間に打球が飛んだら、一塁手は積極的に捕りにいこう。一、二塁間の打球を一塁手が捕れれば、ゲッツーが取れる。ここを抜かれると、一塁走者が一気に三塁まで進むことがある。また、ヒットエンドランでここを抜かれると、一塁走者に三塁まで進塁されてしまう。この時、一塁手と二塁手が打球を追い、抜ければ遊撃手が右翼手と三塁の中継に入る。このままなら、二塁ベースががら空きになる。打者走者は、それを見て二塁を狙うことがある。

このケースは、打球を追った一塁手がそのまま二塁ベースに向かって走り、二塁ベースをカバーする。

二塁手のカバー

無死または一死、走者二塁でレフト方向のライナーを遊撃手や左翼手が捕球したとき、二塁走者が飛び出すケースがある。このケースは、二塁手が二塁ベースに入り、遊撃手や左翼手からダブルプレーを狙って送球されてくる。一塁手は、悪送球に備え二塁ベースカバーに回る。右翼手もカバーに回るが、一塁手は二塁ベースに近いので、次のプレーを読んでいれば、素早く二塁ベースカバーに行ける。送球ラインの延長線上に、ある程度の距離を取ってカバーに入る。送球が逸れても、あるいは高かったり、低かったりで二塁手が捕球できなくても、確実に捕球できる位置でカバーする。

二塁ベースカバーに向かう

ライト前ヒットで二塁ベースカバーに回る

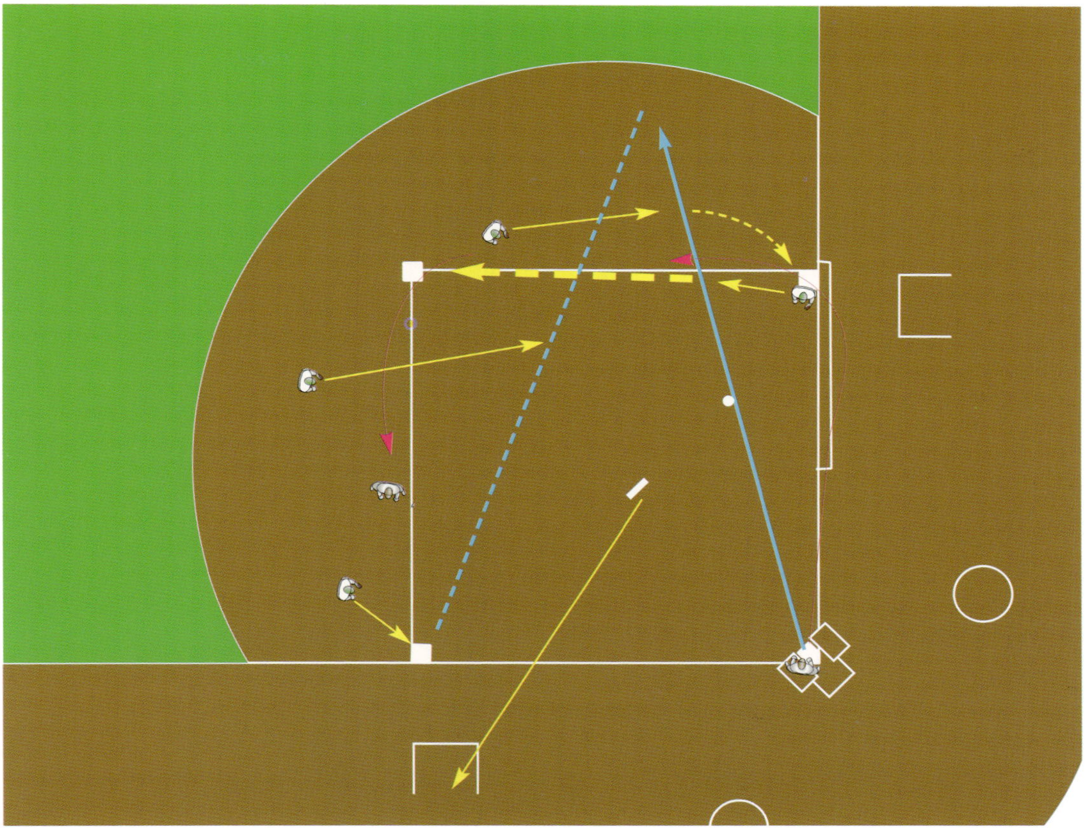

打球を追って、そのまま二塁ベースをカバーする

二塁ベースカバーに回る一塁手

二塁ベースをカバーする

二塁ベースへ向かう

視野を広くし、臨機応変に動く

打者走者の一塁ベースの触塁を確認し、打者走者の後ろを走り、二塁ベースをカバーする

打者走者の触塁を確認する

打球が外野を抜けたら、一塁手は打者走者の一塁ベースの触塁を確認する。打者走者の走塁の邪魔にならない一塁ベースの内側で確認する。一塁ベースの内側なら、打者走者がベースを踏んだかどうかが正確に分かるはずだ。また、審判も同じように打者走者の触塁を見ている。

打者走者の後ろを追う

一塁手は、打者走者の触塁を確認したら、打者走者の後ろから、二塁ベースまで走る。外野を抜かれたら長打は間違いない。このケースでは、守備側はバックサードのフォーメーションを敷く。例えば右中間を大きく破られたときのフォーメーションは、右翼手と中堅手が打球処理に向かい、二塁手と遊撃手が三塁までの中継に入る。左翼手と投手は三塁のベースカバーに回る。このフォーメーションだと二塁ベースが空く。一塁手は二塁ベースを空けないために、二塁ベースカバーに向かう。外野を抜かれているので、二塁打は当然だが、打者走者が二塁ベースを大きくオーバーランしたときの帰塁を狙ったり、二、三塁間に挟まれて、二塁方向へ追い込まれたりしたときのベースカバーの役割を担う。

打者走者が一塁ベースを踏まなかったらどうするか？　この場合はプレーを続け、プレーが途切れたときにボールを受け取り、一塁ベースにタッチして空過をアピールする。このプレーは、アピールプレーなのでアピールしないとアウトにならない。

打者走者の触塁が見やすい位置で、触塁を確認する

長打を打たれたときの二塁ベースカバー

打者走者のベースタッチを確認する

打者走者の走塁を見ながらスタートのタイミングを計る

打者走者の後ろからスタートを切る

打球を確認しながら打者走者を追う

打者走者に遅れないように走る

外野からの送球位置を確認しながら走る

打者走者を追い越さないように走る

中継を確認する

二塁ベースの近くまで来たらスピードを緩める

5-5

視野を広くし、臨機応変に動く

振り逃げ、キャッチャーゴロのときの一塁手

構えは、捕手の送球位置でファウルラインの内側か外側かを決める

走者と重ならない位置で構える

捕手や投手が、一塁線周辺で打球を処理したときの送球は、走者と重なり、走者にぶつけやすい。また、走者を避《よ》けようとして悪送球になることがある。

打者走者は、基本的にはファウルラインとスリーフィートラインの間を走るのがルールだ。一塁までの角度があるなら問題ないが、角度がないときは、走者と重ならない位置に構えて、捕手や投手に投げやすくさせる。

捕手前のバントやゴロなどフェアグラウンド内なら、左足をベースに着け、右足を二塁方向に出して構える。構えたら大きな声でボールを呼ぶ。

また、第三ストライクを捕手が捕球できなく、振り逃げのときは、捕手からの送球位置を素早く判断し、ラインの内か外に構える。捕手の送球位置が一塁側のファウルゾーンのときは、右足をベースに着け、左足をファウルゾーンに出して構える。それでも重なるときは、ベースから一歩離れて構え、捕球してからベースを踏む。

ただし、アウトかセーフかぎりぎりのときはベースを踏んだまま離れず、なるべく身体をファウルゾーン出して、身体を伸ばして捕球する。

フェアゾーン側で構える

ファウルゾーン側で構える

捕手前のゴロ

打球に反応して前進する

捕手が捕ると判断したので、前への動きを止める

右足重心で、一塁のベースに戻る準備をする

素早く一塁ベースに戻る

ベースに着き、両膝を曲げ捕手に正対し、捕手からの送球を待つ

送球方向に右足を出す

身体を伸ばし、身体の前で捕球する

他の走者を見る

他の走者のオーバーランを狙って送球する

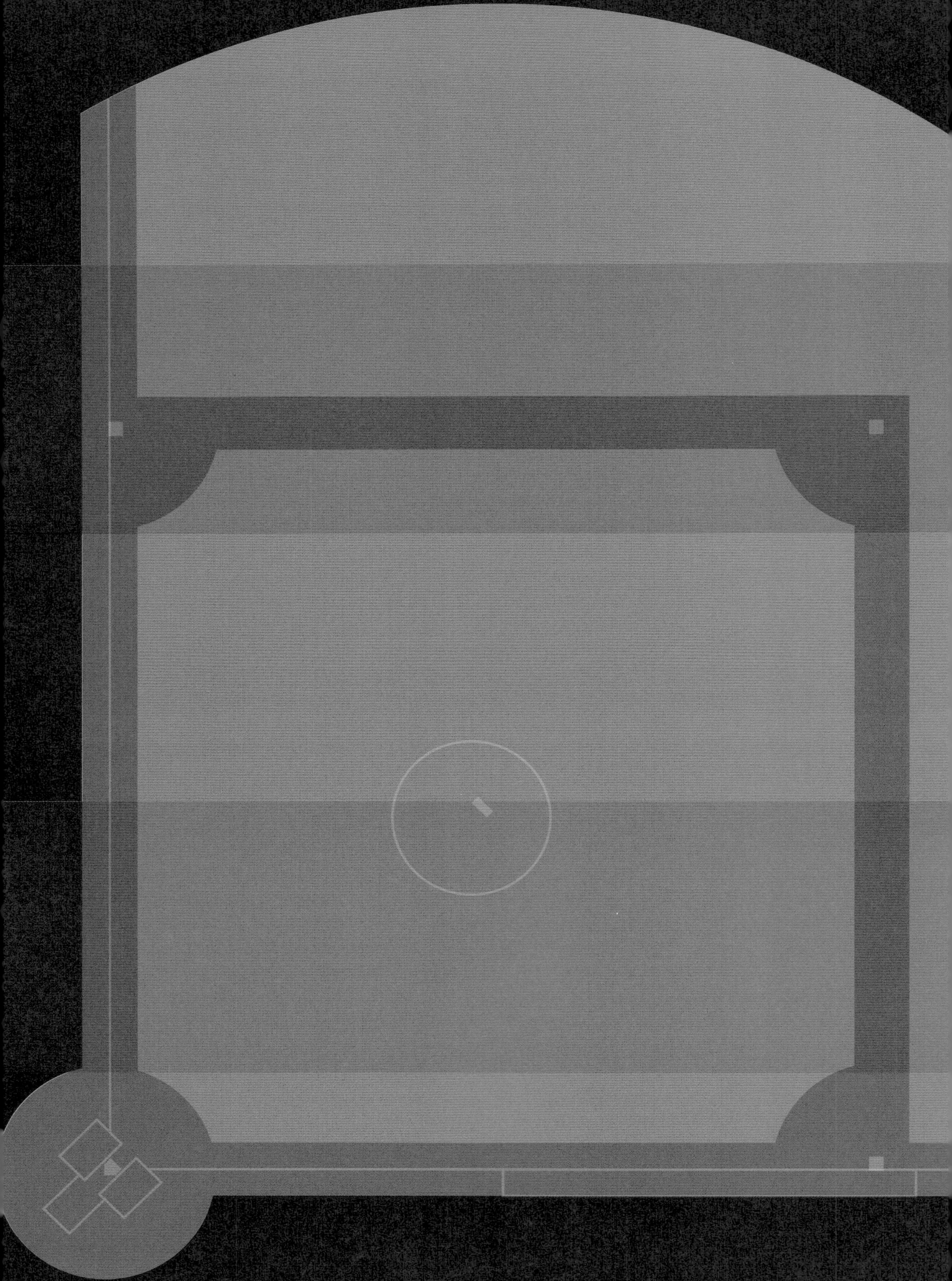

第6章
特殊プレーとサインプレー

タッチプレー／牽制球、オーバーラン

6-1 プレーの目的を理解して動く

ヒットを打った打者走者は、次の塁を狙って大きくリードを取る。それを狙ってアウトにする

牽制球のタッチプレー

一塁手は、軸足をベースの角に着け、前足を少し開いて投手方向を向き、半身で構える。投手の送球目標となるように、身体の前にファーストミットを出し、両膝を曲げ重心を落として構える。投手からの牽制球はぎりぎりまで引きつけて捕球し、膝を送り身体を回転させながら身体全体で、送球の勢いを利用してタッチする。腕だけでタッチにいかない。

タッチする場所はベースの前（二塁側）で、滑り込んできた走者の手にタッチする。走者が滑り込まずに足からベースに戻ってきたときは、足にタッチする。

捕手からの送球で走者をアウトにする

一塁手は、どんなときもボールから目を離してはいけない。走者のリードが大きいときや緩慢な動きをしているときは、捕手も動きを見ている。一塁手が素早くベースに入ると、捕手も送球しやすい。捕手からの送球は、捕球したら左回りで回転して走者の足にタッチする。このとき、走者は見えていなくて良い。捕球したらベースの前（二塁ベース側）にミットを持っていけば、走者は、そこに走り込んで来るはずだ。

オーバーランの打者走者を狙ってアウトにする

ヒットを打った打者走者は、次の塁を狙って大きくオーバーランをしてくるはずだ。守備側は、常に走者の隙を狙ってアウトを増やすことを意識しよう。攻撃側も守備の隙を狙って、一つでも先の塁に進もうとぎりぎりのプレーをしてくるはずだ。大きなリードを取られてばかりだと、どんどん走られる。

大きなリードを取ってきたら、取らせないようにすればよい。走者がオーバーランをしてきたら、一塁手はベースに入って他の野手からの送球を待つ。大きなリードを取っていなくても、ボールから目が離れる打者走者はアウトにすることができるはずだ。

捕手からの送球でタッチプレー

ベースの前にミットを持っていく

捕球したら左回転で回る

ベースに入り捕球する

一塁牽制のタッチプレー

投手方向を向き低く構える

ファーストミットを大きく開き、ボールに直角に向ける

走者とベースの前で捕球する

送球の勢いを利用し、走者の手にタッチする

タッチは腕だけでいかず、膝を送って身体全体を使う

6-2

プレーの目的を理解して動く

一、二塁間のランダウンプレーは割って入った二塁手に送球し、一発でアウトにする

走者を早くアウトにする

投手からの牽制球などで、一、二塁間に走者を挟んだら、一、二塁間に二塁手が割って入り、一塁手からの送球でなるべく早くアウトにする。一塁手は、早く送球しすぎると投手のベースカバーが間に合わず、走者を生かすことになる。

他の塁に走者がいて、塁が詰まっているときは、先の走者を追い出し、先の走者を元の塁方向へ追い込んでアウトにする。

走者一、三塁の時は、一塁走者を早くアウトにして、三塁走者に隙を見せない。三塁走者がスタートを切ったら、三塁走者を早くアウトにして、一塁走者を三塁まで進ませない。ランダウンプレーでモタモタしていると、どんどん先の塁に進まれてしまう。

また、二死、走者一、三塁のときは、三塁走者を生還させるため、一塁走者がわざと挟まれるケースがある。一塁手が一塁走者を追っていって、二塁へ送球したときに三塁走者がスタートを切るので、送球が逸れると捕球した二塁手や遊撃手の本塁送球が遅れる。正確に相手の胸に投げることが大切だ。

走者の追い方とタッチの仕方

走者を追うときは、右手にボールを持ち、いつでも送球できる体勢で、全力で追う。ランダウンプレーで大事なのは、走者に余裕を持たせないことだ。走者を全力で追うと、走者も全力で走る。スピードが付けば簡単には止まれない。スピードを出させて、止まれないように追い込んで、送球して一発でアウトにする。捕球する方も、前へ動きながら捕球すると走者に逃げられない。

三、本間に挟んだら本塁のカバーに回る

スクイズ失敗などで三、本間に挟んだら、捕手が走者を追い、投手が本塁ベースに向かう。一塁手は本塁ベースの後方で悪送球に備えカバーに回る。

送球したら右回りでベースカバーに向かう

投げ手にボールを持って走者を追う

一、二塁間のランダウンプレー

牽制球を捕球する

走者を追う

ボールを右手に持ち替える

二塁手とのタイミングを合わせ送球体勢に入る

スナップスローで送球する

そのまま二塁方向へ進む

3人1組でランダウンプレーの練習

ボールを右手に握り替える

全力で走る

走りながらスナップスローで送球する

6-3

プレーの目的を
理解して動く

無死、走者一塁／バント阻止のサインプレー

他の内野手と協力して
ピックオフプレーを仕掛ける。
捕球したら目的どおり二塁へ送球する

バントをやらせて二塁でアウトにする

確実にバントをしてくることが予想できるときに使う作戦で、バントをやらせて二塁でアウトをとるフォーメーションだ。各野手とタイミングを合わせる動きを覚え、二塁でアウトにできるフィールディング技術を身に付けよう。フォーメーションは、一塁手と三塁手が打者方向へダッシュし、二塁手が一塁ベースに、遊撃手が二塁ベースに入る。投手はクイックでストライクを投げ、バントをやらせる。このフォーメーションは1点もやれない大事なところで使うので、やり直しがきかない。

一塁手は打球を処理したら必ず二塁へ送球する。二塁でアウトをとるためのフォーメーションなので、二塁へ投げる体勢で打球を処理することが大切だ。

ダッシュするタイミングを決めておく

このプレーは前に出るタイミングが重要なポイントだ。バッテリーと内野手でサインを決め、投手がセットポジションに入ってから何秒でスタートを切るかを決めておく。普段の練習で反復練習をしておくと、試合でも無理なく使える。

バントをさせ、二塁で走者をアウトにするときのフォーメーション

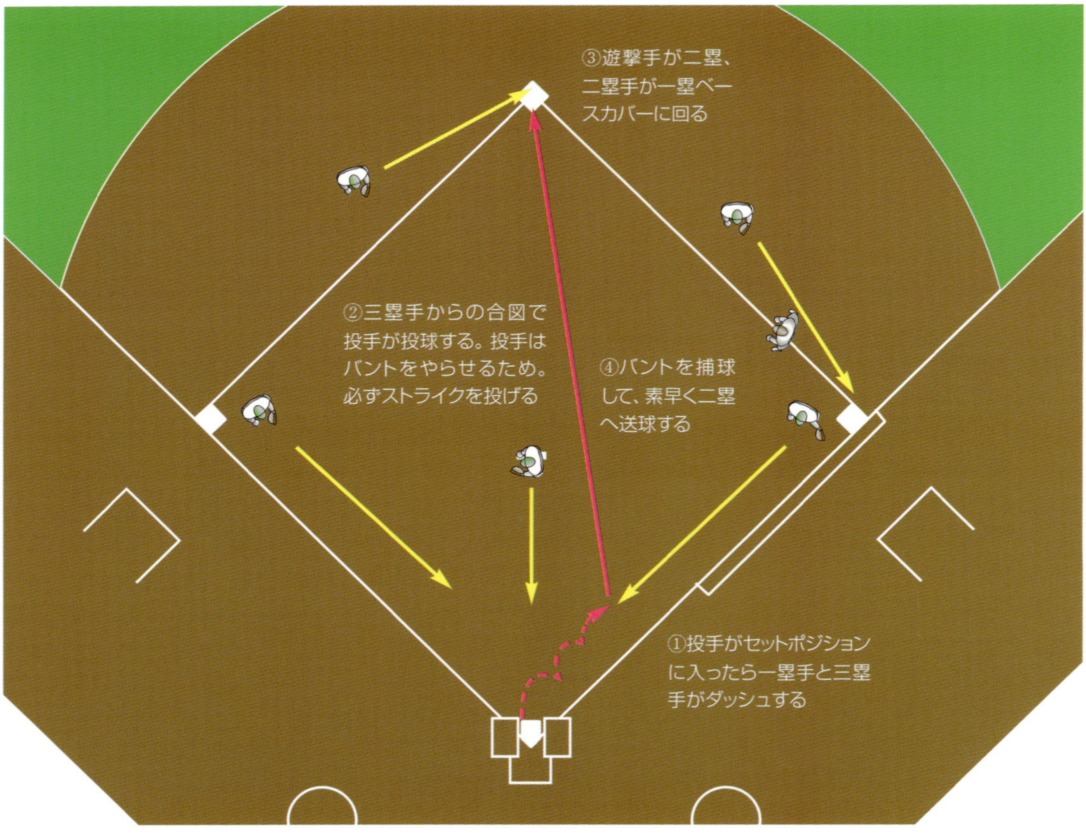

③遊撃手が二塁、
二塁手が一塁ベー
スカバーに回る
②三塁手からの合図で
投手が投球する。投手は
バントをやらせるため。
必ずストライクを投げる
④バントを捕球
して、素早く二塁
へ送球する
①投手がセットポジション
に入ったら一塁手と三塁
手がダッシュする

バントをさせ、二塁で走者をアウトにする

① 他の野手とタイミングを合わせダッシュする

② ボールを全力で追う

③ ボールの右から回り込む

④ 捕球のタイミングを合わせる

⑤ 重心を落としながら左回転する

⑥ 回転しながら捕球する

⑦ 捕球したら両手を引き上げる

⑧ 軸足に重心を乗せる

⑨ 回転の勢いを利用し、素早く送球する

無死、走者二塁または一、二塁／サインプレー

6-4 プレーの目的を理解して動く

左投手のときは一塁手がキーになる。一塁方向の打球は一塁手が捕り、三塁でアウトにする

バントフォーメーションで二塁走者を牽制する

投手がセットポジションに入ったら、遊撃手が二塁ベースに入り、走者の前を通って、三塁方向へダッシュする。遊撃手にタイミングを合わせ、三塁手、一塁手が打者方向へダッシュする。この動きによって、二塁走者に、投手が打者に投球するものと思い込ませ、離塁を大きくさせる。そのタイミングで二塁手が二塁ベースへ入る。捕手からのサインで、投手が二塁へ送球して、二塁走者をアウトにする。このサインプレーは二塁走者をアウトにできなくても、二塁走者に大きなリードをとらせないために有効だ。

バントをやらせて三塁で走者をアウトにする

一死で走者に三塁に進まれたら点を取られる確率が高くなる。このフォーメーションは、1点もやれないときのサインプレーだ。

二塁に一度牽制球を入れておいて、同じフォーメーションで動く。投手がセットポジションに入ったら、三塁手、一塁手が打者方向へダッシュする。投手も投げ終わったら本塁方向へダッシュする。遊撃手が三塁ベースへ入り。二塁手は三塁送球なら二塁ベースへ、一塁送球なら一塁ベースへ入る。一塁手は打球を処理したら迷わず三塁へ送球して二塁走者をアウトにする。

バントをさせ、三塁で走者をアウトにする

ボールの左から
回り込む

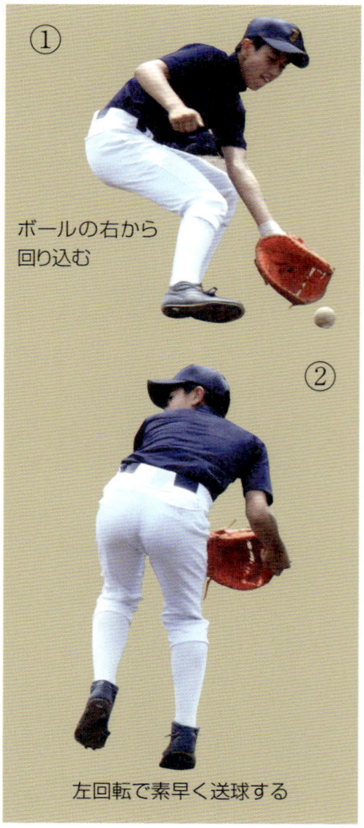

ボールの右から
回り込む

左回転で素早く送球する

そのままの体勢から素早く送球する

二塁走者をいったん牽制する

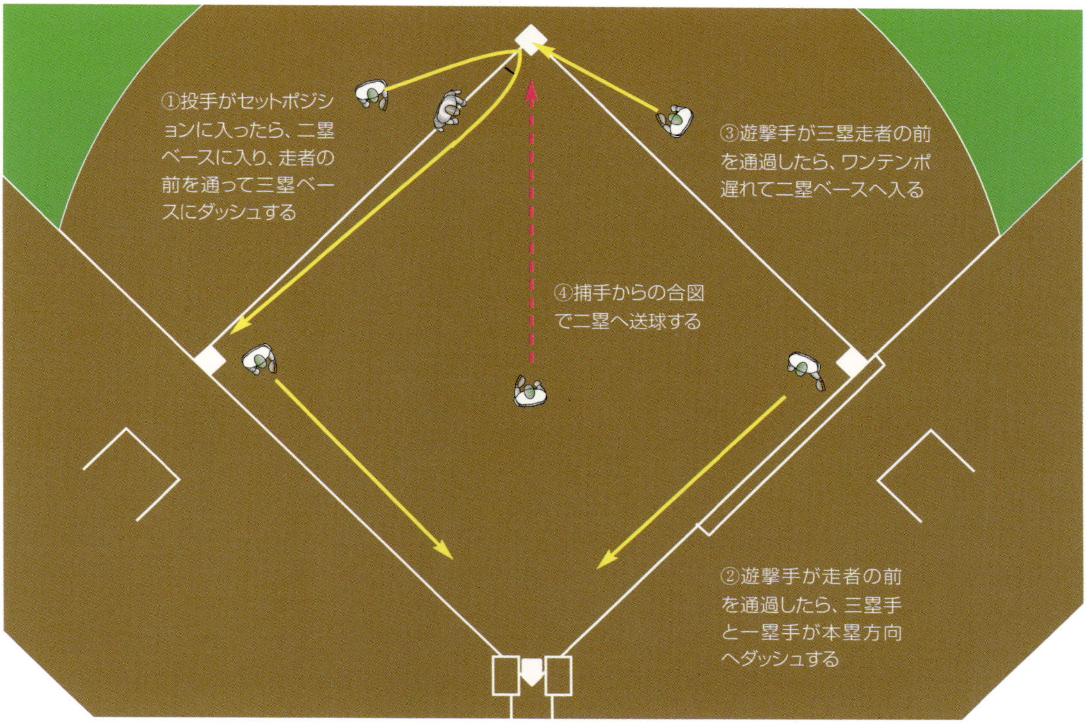

バントをさせ、三塁で走者をアウトにするときのフォーメーション

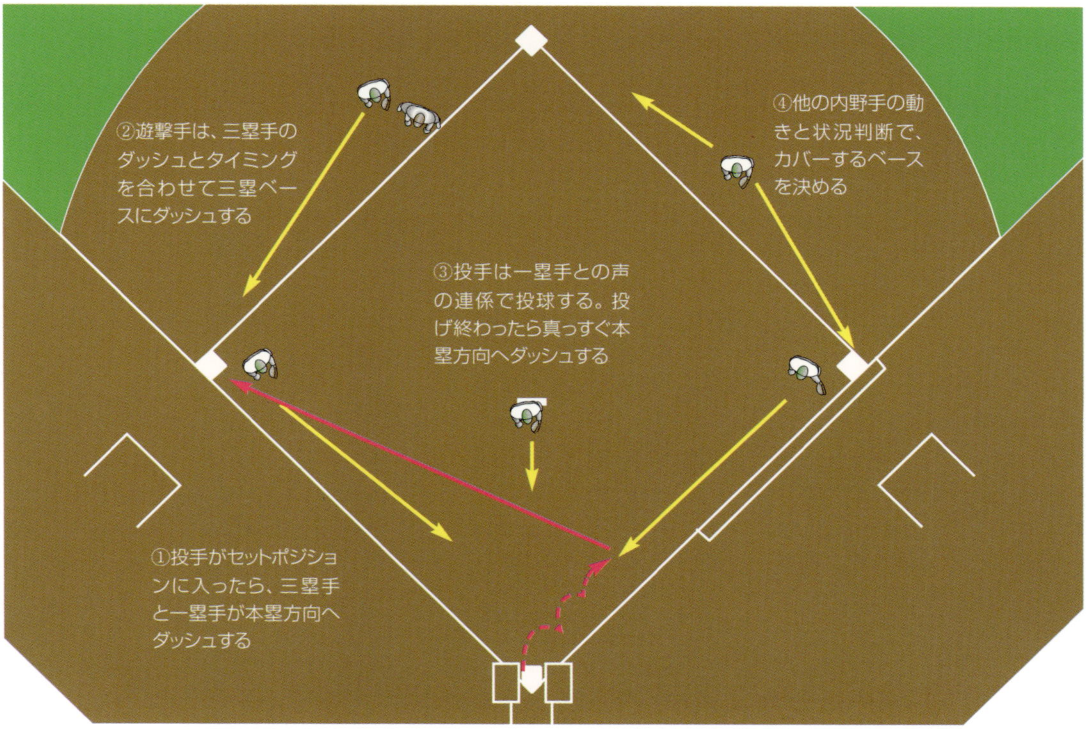

無死、走者一塁／一塁牽制のサインプレー

トリックプレーなので、動きは大きくはっきりと。投手とのタイミングが合わないとボークになる

バント守備のサインプレーと思わせる

送りバントのサインが出ているケースでは、走者はなるべく早く二塁ベースに到着したいと思っている。守備側が極端なバント守備を取ると、走者のリードも大きくなる。一塁手は、トリックプレーなので、大きな動作で動き、走者に大きなリードを取らせる。

一塁手は、ベースに着いて牽制を待つ構えからホーム方向へダッシュする。走者は、送りバントで確実に二塁に進もうとして、離塁が大きくなるはずだ。ここで一塁手は、打者方向へダッシュすると見せかけて一塁ベースに素早く戻る。

三塁手は一塁手にタイミングを合わせて、打者方向へダッシュする。

捕手が一塁手のタイミングを見て投手に「牽制球を投げろ」のサインを送る。

投手は一塁ベースに戻った一塁手に牽制球を投げる。このサインプレーで走者をアウトにする。

ボークにならないように気をつける

投手はプレートを外さずに牽制球を投るので、一塁手とのタイミングが合わないと投げられずボークになる。また、投げても、一塁手が走者にタッチにいけないくらいベースから離れている位置での捕球もボークになる。

この牽制は、走者をアウトにするだけではなく、一塁手がバントに備え本塁方向へダッシュしたときに、大きなリードを取らせないための効果もある。

素早くタッチする

牽制球のトリックプレー

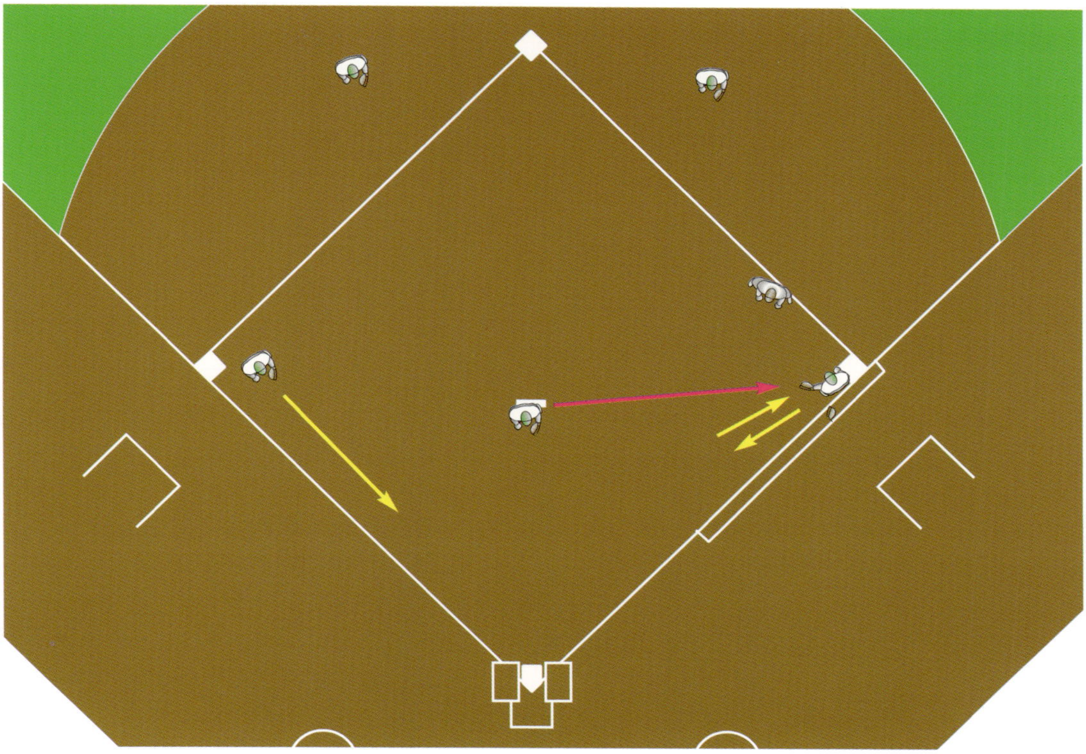

一瞬前に出て、素早くベースに戻る

大きく前に出て素早く戻る

投手がセットポジションに入ったら前に出る

6-6

プレーの目的を理解して動く

走者一、二塁／一塁牽制のサインプレー

一塁ベースから大きく離れ、一塁走者に油断させる。大事な場面で使う

一塁走者に油断させ、大事な場面で使う

一死または二死、走者一、二塁では、一塁手はベースに着かず、走者の後方で守る。

一般的に守備側は、先の走者に次の塁に進まれないような守備態勢をとる。このケースでは、一塁走者は、一塁ベースが空いているので、大きなリードを取ったり、油断したりすることがある。そんな走者をアウトにするためのサインプレーだ。

このサインプレーは1試合に一度しか使えないので、大事な場面で使うようにしよう。

一塁手は大きくベースを離れ、一塁走者に油断させる。一塁走者が棒立ちになっていたり、牽制球がくることを全く警戒していなかったりだとアウトにできる確率が高くなる。

基本は、捕手が様子を見てサインプレーの合図を出す。捕手は常に走者の動きや回りの状況が見え、どんな作戦を取れば良いかが分かっていなければならない。

タイミングを合わせる

投手がセットポジションに入ったら、一塁手はあせらず、タイミングを見計らって一塁ベースに走り込む。捕手は、一塁手の動きを見て、一塁手と走者が重なった瞬間に「牽制を投げろ」のサインを投手に送る。

投手は捕手のサインで一塁に牽制球を投げる。タイミングが合えばアウトにできるはずだ。タイミングがずれて一塁手が捕球できないと、二塁走者が三塁に進むだけではなく、ホームインされる事もある。普段の練習でタイミングを合わせ、完璧にこなせるようにしておこう。

一塁ベースから大きく離れ、走者に油断させる

一塁走者に油断させ、隙をついて素早くベースに入る

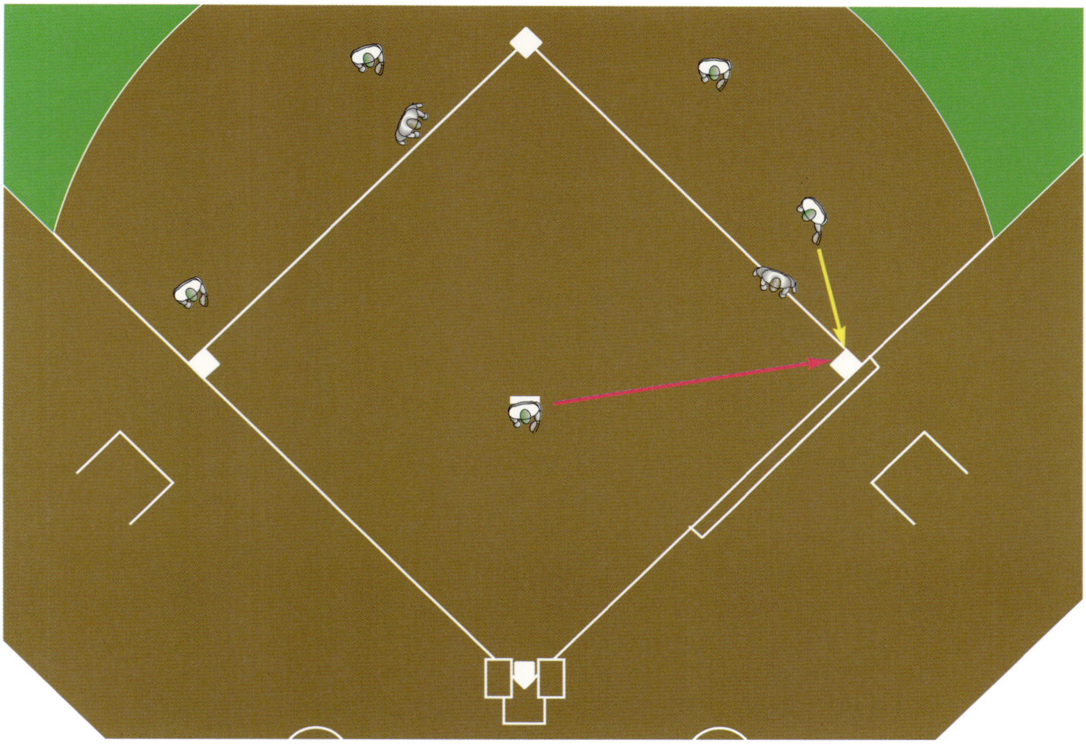

一塁手が素早くベースに入り、捕手のサインで投手が牽制球を投げる

素早くベースに入り、送球を待つ

監修
西井 哲夫（元ヤクルトスワローズ）

著者
大田川 茂樹（元三菱重工長崎硬式野球部）

取材協力
千葉西リトルシニア
岩下 安昭（事務局長）
山本 まり（事務局次長）
三谷 貴史（事務局）
平野 正一（事務局）
白取 亮三（審判長）

西川 俊夫（総監督）
山本 哲士（監督）
大田川 茂樹（助監督）
齊藤 廣雄（コーチ）
番場 洋星（コーチ）
藤田 崇（コーチ）
深堀 将平（コーチ）
芦田 卓（コーチ）
鈴木 悠介（コーチ）
池尻 裕喜（コーチ）
大田川 央（コーチ）
千葉西リトルシニアの選手

撮影
山岸 重彦
大田川 央

DVD編集
今井 岳美
吉田 勉

ナレーション
福士 秀樹

野球レベルアップ教室 ②

一塁手の基本と技術

2012年9月28日発行

発行者
大田川 茂樹

発行所
株式会社 舵社
〒105-0013　東京都港区浜松町1-2-17
TEL.03-3434-5181 FAX.03-3434-5184

装丁
鈴木 洋亮

印刷所
図書印刷株式会社

ISBN978-4-8072-6546-6

西井哲夫
元 ヤクルトスワローズ

1969年：県立宮崎商業高校のエースとして春夏連続甲子園出場。この年、全日本高校野球選抜チームに選ばれ、ブラジル遠征でエースとして活躍（背番号1）

1970年：ドラフト2位でヤクルトアトムズ（現ヤクルトスワローズ）に入団。1年目で1軍昇格、完封で初勝利をあげる

1974年：セリーグ投手成績10位、11勝6敗1セーブ、防御率3.18の成績を収める

1978年：日本シリーズで1勝をあげ、ヤクルトスワローズ初の日本一に貢献

1983年：ロッテオリオンズ（現千葉ロッテマリンズ）にトレードで移籍

1985年：500試合登板を達成し、連盟より表彰を受ける

1987年：中日ドラゴンズに移籍

1988年：任意引退